Coffee Animals Word Search Book

Disclaimer

Copyright © 2020

All Rights Reserved.

No part of this book can be transmitted or reproduced in any form including print, electronic, photocopying, scanning, mechanical or recording without prior written permission from the author.

While the author has taken utmost efforts to ensure the accuracy of the written content, all readers are advised to follow information mentioned herein at their own risk. The author cannot be held responsible for any personal or commercial damage caused by information. All readers are encouraged to seek professional advice when needed.

Table of Contents

Disclaimer	2
Introduction	8
Coffee Bean Types 1	9
Coffee Varieties	10
Coffee Geography	11
Coffee History	12
Common Coffee Terms	13
Coffee South America	14
Coffee USA	15
Coffee Australia	16
Coffee Vietnam	17
Insects 1	18
Insects 2	19
Insects 3	20
Mammals 1	21
Mammals 2	22
Mammals 3	23
Birds 1	24
Birds 2	25
Birds 3	26
Snakes 1	27
Snakes 2	28
Snakes 3	29
US Animals	30

Europe Animals 31
India Animals 32
Australia Animals 33
African Animals 34
Animals that start with A 35
Animals that start with B 36
Animals that start with C 37
Animals that start with D 38
Animals that start with E 39
Animals that start with F 40
Animals that start with G 41
Animals that start with H 42
Animals that start with I 43
Animals that start with J 44
Animals that start with K 45
Animals that start with L 46
Animals that start with M 47
Animals that start with N 48
Animals that start with O 49
Animals that start with P 50
Animals that start with Q 51
Animals that start with R 52
Animals that start with S 53
Animals that start with T 54
Animals that start with U 55

Animals that start with V 56

Animals that start with W 57

Animals that start with X, Y, Z 58

Answers 59

Coffee Bean Types 1 60

Coffee Varieties 61

Coffee Geography 62

Coffee History 63

Common Coffee Terms 64

Coffee South America 65

Coffee USA 66

Coffee Australia 67

Coffee Vietnam 68

Insects 1 69

Insects 2 70

Insects 3 71

Mammals 1 72

Mammals 2 73

Mammals 3 74

Birds 1 75

Birds 2 76

Birds 3 77

Snakes 1 78

Snakes 2 79

Snakes 3 80

US Animals	81
Europe Animals	82
India Animals	83
Australia Animals	84
African Animals	85
Animals that start with A	86
Animals that start with B	87
Animals that start with C	88
Animals that start with D	89
Animals that start with E	90
Animals that start with F	91
Animals that start with G	92
Animals that start with H	93
Animals that start with I	94
Animals that start with J	95
Animals that start with K	96
Animals that start with L	97
Animals that start with M	98
Animals that start with N	99
Animals that start with O	100
Animals that start with P	101
Animals that start with Q	102
Animals that start with R	103
Animals that start with S	104
Animals that start with T	105

Animals that start with U 106

Animals that start with V 107

Animals that start with W 108

Animals that start with X, Y, Z 109

Introduction

What's the best way to stimulate your mind? Coffee or word search puzzles?

With this book, you can do both!! And you got animal shaped puzzles as well!!

While everyone loves our word search books, one piece of feedback we received is that the shapes of the puzzles got repetitive by the time they reached the end of the book.

Well…. Not any more!

We have puzzles in 6 different shapes of coffee and animals. It's great fun to solve word search puzzles about coffee in a coffee shaped word shape. And the same with all our animal shaped puzzles.

Word searches also help you improve memory and retention. Searching for a word in a maze makes you remember it better. Word searches also improve pattern recognition, vocabulary, and general knowledge.

This book has puzzles that people of any age will enjoy.

Heck… A lot of people buy this book just for the unique shape of the word search puzzles.

So, go ahead and enjoy this book!!

Coffee Bean Types 1

```
Q  J  I  B  R  D  H  M  C  N  H  M
H  A  G  N  C  L  A  K  H  X  T  D
E  Y  N  Y  F  R  E  Z  R  T  S  S              K  O  I
Y  H  I  L  X  Y  G  F  O  U  D  U        X  I  S  H  L
E  V  F  T  T  H  L  F  X  S  N  H     S  F  W     H  I
S  S  A  L  T  W  I  N  V  W  J  M  F  V  D        N  I
K  H  L  R  B  F  B  G  I  H  N  K  N  C           U  H
X  C  N  B  A  B  E  L  S  D  R  Q              G  S
Q  O  U  U  E  B  R  P  T  I  Q  M           K  L
K  D  V  P  A  T  I  G  Q  R  V  N        D  A  O
Z  S  G  J  V  P  C  C  L  B  P  F     U  J  R
V  S  E  S  T  V  A  B  A  C  S  Q  I  K  N
X  G  Z  V  V  T  E  A  Y  C  X  S  G  W
E  Q  P  Y  S  W  S  Q  W  Y  G  Y  K
N  D  E  U  F  L  H  V  E  S  A  H
N  M  B  V  E  L  R  A  Q  X  W  N
G  O  K  C  F  Y  H  P  G  V  N  L
R  X  X  T  Z  N  U  Q  W  L  J  K
F  E  H  I  U  B  L  E  M  R  K  Y
N  G  T  A  Q  X  L  I  N  F  Z  Q
```

Coffee Varieties

```
B  W  J  P  G  O  F  G  R  V  C  A
G  F  K  T  T  Q  L  G  B  R  A  E
F  E  S  Y  H  G  A  B  W  O  P  C              T  M  C
D  C  U  T  H  R  T  D  L  S  P  Z        O  S  C  P  V
Q  F  C  E  U  M  W  M  M  A  U  J     K  I  C     E  X
V  W  O  S  F  Z  H  E  A  I  C  A  B  C  D     F  Y
V  N  F  P  R  W  I  M  Z  T  C  K  V  O        L  H
F  A  N  R  R  F  T  N  G  Z  I  A           W  X
B  B  R  E  I  Y  E  O  L  A  N  C        O  A
H  Y  Z  S  H  Y  X  F  I  E  O  A     W  D  L
X  S  Y  S  L  P  S  A  Q  J  R  T     J  B  S
L  P  Y  O  P  A  B  U  T  G  L  W  M  A  D
R  G  K  K  H  Q  T  C  W  Y  S  O  S  T
Q  G  M  Z  X  S  Z  T  C  Z  S  D  C
B  N  Z  D  J  J  H  H  E  O  W  I
Q  D  E  R  M  F  W  D  Y  I  U  N
N  E  C  U  L  W  C  K  S  A  T  G
H  D  E  O  V  J  M  N  H  L  V  E
M  W  V  J  Z  J  H  B  Q  R  V  H
D  L  S  J  Z  P  O  L  F  R  Y  V
```

Coffee Geography

```
Y Y T Y O P G B I W V F
K I N D O N E S I A G R
S I L C X T T I J J E R           V G H
I F K C A G Z V Q F T N       E Z H O C
N R F O I P N U M W H L     E E H   B U
W W I L O C E A U R I R P T K     L I
I X W O P T N B F Z O Q F T       K U
M A Y M R T K G A R P X         T Y
W Z S B E D O R U G I I       Z L
G L T I K W B X M K A O     P D C
U J V A H A Z P V A A M   Q J G
U S U T V Y Y F V L Q L K S W
U Y P X T L V W M Z T J E T
U P Z V H K K G H G S Y U
U V W H U J Z A Q S H D
Y K W J C Z Y A C Y O B
K F Q Y J H E B H B B I
P J P Y U L K X M D B J
N R J Q V D J F A R S O
R M B B F C X G U A S J
```

11

Coffee History

```
Q T A B D W U N X Q Y G
Y T H T J L D C E C J G
Z X S Z V X C C W R R G           F W C
T H T W S R H X S U C Z     V J R O B
O M W H F S W C X U P E   U N H   G A
I X T G L K Y M L A C G E N K     D E
L N Q C O L N T S I X K A M       Q Y
O C Q K A P W B N Y Z I         O O
I Y U T Q Q Y E P S P J       K G
V Y I D Y M V H C O F P     T H V
R H Q G Y U Q M I S Q A   V O V
B X M J E A O H Y B I N Z L W
U H D X H Z T O S O Q G F I
U D Y O R E Z O Z A Y E S
V J J X F S X S Q F Z H
J E Y A E F W T T A M M
W K G E E L A L L X P R
H Q Q N M C D H J D X V
E U D Y M E Z A V V Z W
H G N V Y T N M Z C O N
```

1st country to consume coffee (Yemen)

Country that invented 1st commercial Espresso Machine (Italy)

City in Europe that first imported coffee (Venice)

Most traded commodity in the world. Coffee is the second most (Oil)

1st country to discover coffee berries (Ethiopia)

Common Coffee Terms

```
S Z V H L N S T P W H X
E C C P C I M Z W J B I
O T L A A R B J E Q O Y             W G J
U J B H F M M E J R S W       T X Q O C
N A F E F K C G I B N F     X U X   Y P
B L G G E X Y Q Z D S S R O Y   B S
O I B D I U T X L P X F Z Z     I I
M J B O N V C S Q P O Z       W G
U B K I E M R W C N U V     S G
L L W M E G H K L K I U   P X L
P U A Y N L C I A K N W   N B B
N O R S Q V X O T M A N L T V
F A C L Z S S N T V W S F A
I C E V N S I P E Z C T P
B O Z U E C K U Q Z A R
S L P R K O B P K Z Y B
O T P C R F R R H Y Z Z
U S E T R K D Z I Y D I
E V F A K V E H J M O A
D G A R M C U O X C C T
```

13

Coffee South America

```
Z Z T D Q Y Q N D D N Q
H S B V H A K C M B N J
K Z H I P N P M C L Z S         A H W
O S F O U U B N Q R R J     A N O P T
B M I P U I X D U B V Z   Q L G   N X
M G P X A J R B R B T Q U A Z   B A
D Z C R X I C I X B J V Q J     N Q
C D T F E P N U Z R W V       X S
A O E O I E F L I V W X     S A
I O P P N E U X C Y L Z   X T W
E N E A C T P U P A B L   A N R
H N Z X I S A Q P P B L W O N
N E Q M H N N V X R I L P W
Q T T V A P C A S X W S C
G T S I Z O M O J B W A
H B G K T T S P Q Z K
T O H F F N L L H A G J
M N I W A C E R R A D O
B H Z S H X N X S X N S
S U D X U M H R J T G I
```

Coffee USA

```
W  B  U  U  Q  B  I  S  D  F  V  P
I  C  A  L  F  W  F  U  C  D  Z  H
P  O  T  H  N  O  O  C  J  F  R  R              S  R  H
V  R  V  O  B  N  L  Y  S  L  G  A        U  J  B  L  N
K  G  I  L  I  S  G  T  Z  T  C  X     C  N  P     O  J
M  Y  H  R  J  T  E  R  I  Q  V  B  B  G  F        E  R
R  X  G  A  D  E  R  H  B  D  V  P  E  H           U  U
B  G  H  Y  P  D  S  T  W  U  G  Z              Z  Z
L  B  U  S  T  E  L  O  K  N  O  U           P  R
H  B  R  F  E  Y  S  A  M  K  W  Y        E  V  W
B  Z  V  X  I  L  T  Z  W  I  L  Q     A  G  Y
Q  K  T  A  W  M  A  S  D  N  D  Y  K  Q  L
T  Z  F  Y  J  O  R  U  N  V  K  U  W  H
L  B  J  X  R  T  B  F  J  J  C  Z  H
I  C  B  O  H  U  U  Q  M  G  D  F
X  U  R  Q  A  O  C  U  G  O  A  U
H  S  X  C  A  B  K  N  P  I  V  I
C  N  A  E  V  O  S  P  K  J  C  X
N  P  S  V  B  V  K  A  L  F  R  S
G  F  E  L  K  B  J  D  V  F  J  Z
```

Coffee Australia

```
G W W K Y P I E S X P A
X U X D Y G T E D Q I X
S E W A W K Y B J N J M             X U J
A Y G Y M P B D E L T C       H B N C R
B K F X G P A P K X M I     F W G   H P
R I E W M N H C P M L A K   L H     S I
U C Q Y A W D P D K G R Y O         O J
N H F R R A B R L W Z V         I X
U T W T K I L Z F C L J       R R
H G U V E D A F P D J E     R Q N
H L B K T O C L N X P U   A K E
Q A T N L T K V S R P Y B N H
H D W B A A S I D W D P Q S
N J W I N L T K Y R M C T
E H E P E C A F O Z V B
S G E S C H R F L Y E A
H Y X X M E C C A L Y Z
E D L J F M D J U J T Z
R K F V X Y A S O H W C
R B O C W N X Z P A B A
```

Coffee Vietnam

```
B X V T D I N C I B X L
Q O Z H R J H Q T C W J
J G B H I J I C D O C L         Y S S
J G B M B E N Y G H H H     K K Q L C
Z S N U X G Y M V Y V V   L N K   P K
K Z T N P N R H R V A B I L T   E J
F Y C H E S T B R E W V X N     C O
F O E Y M C A E R T U H       Z T
A G U W U P R Z W V O C     L L
F G N K X V P J N J I Y   N C P
N N D V W R B Q H Y W A   Q Y Y
Z W S X I G K K J V D A S Q V
O R W T B N G K X O T B L Z
K T Z K T P A T Y Z R K M
T B X E P X H C D E Q V
F T W Q K T K K A P R R
D E L Z A Y K I L F Z X
V D V L P R M Y D N E G
K Z A Y I R H H A G O N
J D D G V E R I H F Z X
```

Insects 1

```
            J B               H Y
          K E               E C
        J T             N I
        O D           B F
    Y T             P R
    C J D Z W W U
    K   G   T               A M
F P S F U W         E P J G R A Y
S B T X C T K     G O N X G S M B M J Z I
  J Y Y T N J N I X Y H F O F C U W O C A
  I Q L C V C F T S I G J H H W Y P B C F Q
  J I W Y T N B V Y G A Q A T F L Y P H J M F
    D K H S G V W C H N H C O C K R O A C H X B
      S H K C R I C K E T X I M H E P W Q M Y V Z B
        F Z E S F H M P B T Y P K N M S V D A E X K K
        O G G R A S S H O P P E R P M X P X X C R U L
          Z N F D O J I K U O G O W M X C Y L W V B E
            K T F C M P W G L Q M G K K A S U F H N T
            S O       M A                 P U       E M
          P T S T   R W G               A G B K   C T L P
```

Insects 2

```
S   N
W       X
P   A   L                       H   I   N
L   V   C               O   U   R   L   L
E   B   T   E       G   N   K   P   E   W   A
    Q   J   T       K   J   Q   J   V   O   N   A   B
        T   A       X   R   I   X   K   U   U   L   Z   F   E
        Y   G   C   W   E   X   X   W   D   D   A   N   X   Q   V   E
        A   I   L   F   B   A   G   B   O   H   I   Z   U   T   Q   F   T
        O   R   K   C   I   Q   R   L   F   W   F   N   R   C   V   H   Z   G
        N   W   C   P   G   W   K   W   O   I   O   Q   J   T   Y   S   T   J   O
            C   M   A   G   Q   Q   A   I   C   F   F   Y   E   Z   V   V   V   Z
                M   A   E   E   E   U   I   P   G   U   M   X   U   I   F   J   L   Y   K
                    N   F   B   E   E   T   L   E   C   S   D   L   W   R   W   H           F
                    T   Y   Z   J   O   U   P   R   F   N   T   J   F   W   L               E
                        I       L                               L       Z
                        S       D                               H       J
                        L       D                               Y       N
                        M       Y                               M       N
                        B       J                               B       M
                    J   Q       L   K                       Z   E       B   C
```

19

Insects 3

```
Q  A
B     K
B  O  P                    P  I  Q
A  M  O                 F  M  J  O  Q
V  S  Z  M           M  D  G  K  P  I  P
   F  K  F        F  H  O  O  P  U  S  G  M
      K  G     U  N  X  Y  K  F  Z  U  A  J  V
      V  N  V  S  Q  M  D  Y  Q  K  L  M  D  J  S  Y
      T  W  B  L  T  W  O  M  P  N  I  B  A  S  A  X  Y
      K  R  F  J  O  W  L  T  T  S  H  Q  D  E  F  H  L  W
         X  S  F  W  A  S  P  H  H  L  V  I  G  D  T  S  V  O  Z
            H  E  S  O  T  L  I  C  E  J  U  U  Q  W  I  D  R  L
            C  G  K  R  O  S  P  I  D  E  R  S  S  K  R  R  M  M  J
               O  W  W  F  B  P  P  K  A  T  U  B  K  Q  A  D        B
               W  G  B  J  Q  N  E  A  M  B  S  P  T  K  R           Z
                  G        Z                       H        P
                  U        H                       M        D
                  W        Q                       Z        M
                  Q        A                       G        Q
                  U        C                       Y        F
            E  J     S  X                    F  X     A  M
```

Mammals 1

```
W  B
J     F
D  H  Z                M  G  I
P  O  X             V  K  M  H  V
C  M  O  E       Q  J  N  G  C  P  Z
   E  W  L       H  S  O  R  X  F  F  Q  F
      O  K    X  P  G  C  J  L  P  M  X  X  F
      D  K  Q  T  D  B  Q  S  T  U  C  T  D  J  G  R
      X  B  V  D  C  X  J  J  I  R  J  T  L  U  A  W  C
      V  T  E  U  J  H  O  L  D  Z  W  X  E  Z  Y  C  Y  E
         B  I  O  V  K  A  K  W  R  A  C  C  O  O  N  Z  L  U  P
            J  F  Y  P  P  F  W  Y  F  Y  K  R  P  D  O  W  T  I
               U  H  V  O  D  B  G  B  F  O  S  S  A  M  P  Z  V  X  M
                  E  U  Y  W  B  G  W  W  L  B  W  I  J  P  D  Q        U
                  D  K  C  O  F  K  M  J  U  F  D  M  T  R  Q           I
                     G        R                    Z           T
                     E        P                    Y           F
                     H        T                    N           O
                     O        R                    B           P
                     G        T                    L           J
                  Q  Y     L  A                 Q  W        I  X
```

Mammals 2

```
M  A
L  N
A  A  F                    I  X  A
K  Y  K              W  E  S  D  M
X  G  B  T        G  E  H  E  V  C  A
   J  L  M     Y  X  F  U  A  H  P  Y  N
      T  E     Q  B  K  U  H  L  B  Z  Z  K  D
   Q  U  O  U  T  X  S  S  N  A  Y  I  A  N  M  R
   G  H  I  P  P  O  P  O  T  A  M  U  S  J  Z  C  I
   W  A  G  J  A  Z  T  G  P  H  T  R  Q  K  A  Y  F  L
   W  M  Z  V  P  R  T  R  A  L  W  G  N  A  L  J  R  W  L
      B  C  J  A  W  D  J  I  O  I  D  E  N  H  G  D  S  A
      R  S  B  D  T  M  N  A  T  W  Y  T  G  F  T  W  N  D  B
         E  B  W  N  E  X  T  A  Y  I  E  A  L  Q  G  J           Z
         U  T  W  X  G  P  Z  W  D  G  R  R  Z  Y  B              Z
         Z        W                       O        G
         Z        R                       O        I
         M        R                       S        I
         W        F                       V        E
         B        U                       I        B
      O  U     C  T                    U  S     H  N
```

22

Mammals 3

```
R  F
H     S
G  N  D                    G  S  T
C  M  U              Q  F  Y  S  R
D  V  G  I        D  X  W  B  K  B  B
   B  O  A     S  B  O  V  G  K  E  X  E
      N  S        R  H  I  N  O  C  E  R  O  S  C
      G  J  T  X  C  N  P  D  S  N  I  H  R  K  O  R
      Y  M  L  D  Q  F  U  G  F  O  Z  T  E  Y  W  T  W
      F  W  U  Y  Y  I  K  X  W  R  D  R  Y  R  U  M  D  L
      M  P  O  Q  W  D  X  Q  L  M  A  A  T  V  K  B  E  W  M
         R  P  Z  N  U  P  N  B  H  R  A  E  K  G  T  G  D  X
         T  A  N  T  E  A  T  E  R  Q  H  E  S  P  W  R  G  G  P
            M  P  U  W  X  K  V  E  H  C  Y  Z  H  N  O  W        Y
            Q  G  I  H  O  F  V  J  B  V  M  V  B  F  U           M
               P        G                 P           N
               I        C                 F           D
               M        P                 Y           H
               K        M                 J           O
               G        A                 I           G
                  A  Z  J  I            N  L        F  R
```

Birds 1

```
                        O W L A J B
                        F C U C K O O P
                    G B   B Q F   P S K
            I       Z F V Y K E Y L O U           G
        Y           A P O S T R I C H W         C
  R                 P U K J D T Z F S                 C
  M                 S W A Z D J X G                   L
  O H           Z J K V I Y C B O X           F   T
  D A       Y C Y L W J E B R F R M         N   P
    U         X L U E M P C L M P L A A N   V L
    F H A W K O A L A R G T S C W K Q D H
            Q O K D P O Y G F T U L Y R U I
            S A O J J U Q K P D S T D W I X
            Q O K I L X H O J I D W V X C J
            X U P G F V O D S H E U Q B T L
              R T P K S C Z B M U X T X Q V
              O O Q T Q F R M K S G O A A A
                  W B O A L A U H K N B M L
                  F X A I T G X L R N P P
                    K U O E N G D A J Z
                      N V H X B S N C S
                      J V Y O J T Z   M
                      T   W U A M     C A
                P I L             P X J
            R I C P R             B E P S N
```

24

Birds 2

```
                        Y L Z I M U
                      L Q J U X N E Q
                    O T   J A B   T O M
            U       B R Y I H K E E O M           X
      X             J W S T F D N E D T         L
M                     N S T Y A T R V B                 F
R                     H R B R N I U G                   C
T M                 U I D C T B C B P P             I O
Y N             L F Y F U G Q F A D K N             C P
    V         K C E Y W N F B M U Q F I   P       F R
    S W X Z X O I I O P J K E U P A T D E
              G L R E M P Q E Y K X S L P S R
              K L J M X R C P V H O V T F U E
              Y M U M H X F A S S G R S O B T
              X H M A J W H R F X H M K K R G
                  A P F I I K R E L C I K L J K
                G J A B S S O V P M O O W G O
                  G S Q R H T Z V T L M Z N
                    I A U A X M R P R R E K
                      U P V C D C P W V U
                        A E J U O C Z X N
                        H N F M P B S   K
                        T   V M Z B     U Q
                  P J Q                 J Z W
              R S W N M               B P U N S
```

Birds 3

```
                    O  R  Q  R  V  N
                    R  I  C  S  L  W  L  D
                 M  N     Q  W  V     P  G  B
        M        B  J  G  U  A  Z  F  W  Y  P           U
     H           P  W  J  F  L  U  O  A  Z  K              L
  U              G  G  S  L  B  M  W  Z  U                    S
  V              Z  I  P  O  X  D  T  X                       B
  V  A           F  C  T  J  W  T  J  P  A  P              U  M
  C  Q        K  T  P  M  F  P  C  S  S  V  E  Y           V  M
     M     T  B  S  Y  I  I  R  V  M  G  Q  U  L  O     X  U
     T  U  G  B  E  K  R  U  N  D  P  R  T  D  G  M  C  V  B
           V  Y  K  P  G  Q  C  N  E  S  O  Z  H  H  V  L
           K  N  Y  S  A  H  H  Y  N  I  U  Q  K  Z  N  L
              P  Z  I  U  T  F  G  S  G  L  C  H  H  X  F
              T  Y  U  D  K  Z  R  W  U  E  A  P  V  D  O  N
                 W  E  J  L  S  W  M  I  V  N  D  U  F  Y  N
                 N  F  R  D  R  W  X  N  S  Z  W  T  Q  L  G
                    U  P  R  O  W  M  H  W  I  H  I  O  B
                    U  T  R  V  G  Q  O  U  A  X  V  N
                       C  E  K  G  O  G  P  L  X  P
                          H  C  Q  G  R  U  B  Q  I
                          A  N  M  V  L  T  D     L
                          X     G  D  I  I        Z  K
                       T  W  E                    S  K  N
                    U  K  C  Y  N                 I  R  C  R  A
```

Snakes 1

```
A  U
B     E
T  P  S                 S  D  I
N  H  I              N  O  A  E  R
F  C  P  T        N  M  H  W  P  C  U
   M  Z  M     Z  W  O  Y  Q  U  M  E  Q
      A  K     W  T  S  I  N  Z  A  S  X  M  O
      L  M  N  Q  E  K  W  B  C  Z  Z  P  U  V  V  Y
      F  G  B  M  S  B  X  I  I  E  V  G  R  L  O  E  Y
      S  L  M  A  J  N  S  Y  G  G  D  S  W  A  O  O  J  R
      U  K  Q  L  R  G  A  L  C  O  N  S  T  R  I  C  T  O  R
            I  Y  S  H  J  T  K  T  R  E  E  S  N  A  K  E  T  N
            J  A  F  R  C  C  E  E  N  Q  Q  Z  L  W  A  M  M  Q  B
               E  F  G  U  H  U  V  T  S  A  R  X  F  I  R  D        R
               U  B  P  V  N  T  N  X  A  H  H  C  S  V  D           E
                  G        I                       K        F
                  Q        X                       R        S
                  E        E                       F        I
                  F        Z                       W        E
                  O        L                       O        F
               M  N     P  L                    A  D     U  J
```

Snakes 2

```
O  W
F     G
B  E  Z                    K  A  E
D  U  X              F  F  C  D  P
U  P  I  B        D  A  Y  D  Z  Z  E
   T  P  U     R  D  Q  W  Z  E  R  L  W
      C  L  D  J  V  E  C  N  J  S  I  Y  D
      Q  H  U  O  L  E  U  S  T  X  J  S  A  G  U  X
      G  T  A  I  P  A  N  J  Q  O  W  E  G  N  X  P  K
      Z  J  M  B  C  S  U  L  F  H  R  W  O  D  Z  U  Q  Z
      X  U  M  V  E  S  E  A  S  N  A  K  E  Z  U  K  O  N  E
         X  P  Y  T  H  O  N  O  C  B  S  M  K  I  M  E  X  V
         A  T  J  I  J  T  E  C  O  B  K  K  X  J  S  G  A  O  D
            T  K  Q  R  A  T  T  L  E  S  N  A  K  E  G  I        W
            I  M  N  N  Z  O  F  X  G  A  V  K  B  Z  -           N
            E     V                       O        E
            K     F                       T        A
            X     D                       E        T
            T     K                       S        E
            A     H                       T        R
         Y  E  Q  T                    M  S     A  G
```

Snakes 3

```
W O
Q   V
I Y I                       S D V
I A P                     R T G V U
A N E L               E B C O P G C
    U R F           W T K V H R J G W
      C A       W U W Q H V B O A O H
      R H N P R A S I N A R N V H P D
      J E U A P A D C Y O U Q M C O L X
      A R W P C P G D O W X S Y I M R H H
        E W A L S O F O E X E R D D W Y W G M
          B W T C U N J Z R C O B R A O F P J
          R C M B Y G D H B J P P S C I C I T F
              Q S U C U W A Y G E Y T I Y Z C         X
              O T E T P U U P X R F D W C Y           Y
                E   U               P       T
                S   X               H       P
                E   Y               T       H
                S   U               T       C
                U   T               T       I
                R D   D K         B G   U M
```

US Animals

```
O R
X   W
R P M                   C H N
B M O               X N D R R
Q S O Y           A D S Z C H K
  N S B       U S L X B W K F I
    E W     X Q R J L Z V H O D K
    B Q B F Q K A K S I C W Q C F H
    N H L N D V C O J E G O Q A S G R
    P K N X F K C W A I J A U F B K O D
    S P U F T K O G G M K J T G R G V Q S
        T G G M G O B U Y U K I O A X E W W
        E H A L X N D A Z Z Y I P R R F B A F
          J W G G N E R W A R S M B R J T     S
          H K D Z M H A R M U T P U T A       Q
          G       R               H     B
          A       E               S     A
          M       X               M     W
          A       V               S     Q
          R       L               M     Y
        W U     O P             P U   A B
```

30

Europe Animals

```
R  R
S     Y
D  R  V                    U  I  U
G  A  Z                 E  O  O  G  Y
E  P  B  B           W  H  I  L  M  F  Z
   W  A  C        C  W  X  T  C  S  A  Y  Y
      K  X     D  F  R  E  P  L  L  J  H  K  X
      T  R  E  I  N  D  E  E  R  Y  O  D  S  D  D  A
      D  M  I  N  K  W  T  Y  L  N  L  W  X  Y  N  B  X
      A  O  A  D  P  H  M  A  A  X  J  P  Z  Z  I  T  K  Y
      B  Z  W  I  C  D  Q  S  K  K  Q  X  W  H  L  D  H  G  F
         G  K  T  B  B  A  C  H  E  B  R  O  W  N  B  E  A  R
         R  M  B  F  S  K  E  Y  M  O  O  S  E  X  B  L  Q  D  P
            R  Q  I  C  O  H  K  N  F  G  V  F  V  C  W  Z           L
            O  F  S  C  P  R  F  W  V  R  X  L  N  L  D              H
            Y        G                       V        Y
            B        Z                       D        B
            O        M                       L        I
            O        Z                       D        B
            J        Z                       E        G
         K  S     C  M                    M  K     K  O
```

31

India Animals

```
F Q
Y   S
E I X                   D Q H
B U G               C V M M Y
C G K N           M V E A B P L
    X F J       D J Q N K A B R X
      B M     I R H I N O C E R O S
      A D L Q E S A Q B S U W E N V M
      B B X G Y T B M R E D P A N D A L
      Z Y I Y T Z C V F L V P N Y C C H X
        E T Z G F D I E Y K G T H J O D R Z L
            S D I N Y P G M D X P D D B T D W L
              C I H J R S N I Y W K D E R D J J I X
                J E L E P H A N T W A V A E G Y       R
                F C N F A S Q H U Y M H S M J         X
                U     U                 P     Y
                S     O                 C     K
                L     P                 E     F
                K     C                 F     L
                O     Q                 N     J
              Y Y   J T               M Q   P E
```

32

Australia Animals

```
B A
M   O
B D J                   Z G K
P V N               N C P O G
S B Y B           C L J I O P H
  N U L         S N H X G K T N F
    B J     G F A M F H A O O S W
  X C E W Z D B Q K M B A S D L R
  B R O F G M I B A J U M F J J K K
  Y M Q C W Y K N N E R R L U I I S X
    F S A K K D J O G L R X W N V F V M F
      G A G S A A H A O A X S V Y W X X D
      Y W D P V T X R L I N V L J J I L K I
          U B B I F O O G A H U Z P W S M     V
          F L W X E H O Q S Z W F Z T Z       H
          U       R               Y       L
          M       S               B       J
          V       F               B       V
          I       S               T       T
          E       A               O       N
        W Z     V Z             S Y     Y D
```

33

African Animals

```
O  B
K     A
M  X  D                    W  K  J
D  D  H                 M  I  I  L  I
J  C  R  B           S  Z  V  W  L  B  J
   O  J  J        P  X  Z  A  L  W  D  H  M
      E  M     X  V  K  T  V  Y  M  Q  E  Q  E
      O  V  B  K  P  X  T  C  F  M  Y  L  Q  B  L  L
      W  R  N  A  K  B  Q  A  F  M  P  K  H  J  E  T  S
      F  C  T  M  B  F  G  I  R  A  F  F  E  D  P  E  E  R
      L  Y  T  C  W  O  O  R  I  F  H  U  M  T  H  G  S  T  Q
         I  F  N  K  O  O  T  E  N  D  M  J  E  A  M  P  T  U
         H  Z  S  U  R  X  N  Y  L  I  O  N  R  N  J  T  T  Q  Z
            B  O  S  M  I  O  H  M  X  G  C  I  T  K  I  C        E
            V  X  S  R  F  R  G  G  B  E  S  H  O  N  R           D
               P     T                       P     W
               A     T                       A     I
               P     V                       J     D
               L     Y                       R     R
               U     C                       V     W
            O  J  W  V                    Z  Q  Z  J
```

34

Animals that start with A

```
X  A
T     S
D  B  X                          W  Z  E
U  V  E                       Y  Z  L  G  M
O  C  K  U                 A  A  H  R  Q  E  P
   K  Z  N              K  A  N  A  V  J  E  O  F
      F  E           R  T  T  L  T  P  D  U  R  S  U
      H  T  J  V  L  L  M  D  B  E  P  J  Q  S  N  E
      U  L  Q  N  A  L  R  I  I  A  A  R  Z  E  A  T  K
      B  N  P  W  A  G  O  U  T  I  T  T  G  C  A  T  A  Z
      I  N  J  Q  A  L  X  J  E  K  Y  R  E  H  H  F  H  E  H
         G  M  F  T  A  L  L  I  G  A  T  O  R  V  Z  F  X  A
         T  I  H  I  S  S  D  V  F  L  W  F  S  J  Q  O  B  P  X
            A  G  L  I  T  B  P  G  N  G  I  Z  S  X  E  I        D
            L  Z  B  Q  C  C  A  C  V  A  Q  V  W  S  X           Q
               P     A                       B        Y
               A     M                       L        J
               C     Z                       Q        J
               A     J                       R        U
               D     V                       U        T
            C  C     R  H                 Y  A     L  G
```

35

Animals that start with B

```
Z B
F   W
Y F U                       F H Q
Z U X                     X T H Y J
Q W P Q                 E V R D V M Y
    C P V           U J F I T Q T V B
    B G         W S G E Y X F I V S J
    K A B Q G O Q H P R X H B N P K
    M I B W F P O Q Q O Z V C J X B L
    R B N O G B A N D I C O O T D A N G
    D B Z M O G Y T N F B A T A R D O R Q
        A K C Q N J I F X Y F G P W G B O S
        P Z L E L S O C N B E A R J E A L T B
            C L T I Z P G T X J J P A R T O       T
            J V I M S A Z A F S M T Y B Z           P
            J       G                   D       B
            A       Z                   X       L
            O       K                   G       Q
            L       Z                   Y       T
            J       L                   Q       X
            Z V   L X               A U   O P
```

36

Animals that start with C

```
L I
T   B
S C D                       Q Q J
J Z N                     X R M P R
E Z U B                 H Y Y B M Q I
    M T Z             C A T Q A E G E P
    J Q         V W I I Z B P C W G W
    A Z P T C O C K A T O O L H U E
    Z X C D M E C S K D P E O E D M B
    D W X F C Q G O Y M M U B H W M X D
    K N Y P E G O V B A Y C V J Y C X O Q
        V C K S V Q P C R L W B K Z U V A D
        Z H O C S O Y U P A F F N T V N G L P
          Y K C T O P N N I V Q X Z E O Q       L
          A C H E E T A H Y O W M N T A         E
          O     Z               Z     O
          R     G               J     I
          Q     F               W     P
          M     F               L     O
          C     W               A     C
        R P   S G             O Q   B U
```

37

Animals that start with D

```
F I
L   A
F B R                     P S D
T S O                   B S D U V
K M Z Y               W L W Z E Z J
    F R F           U K A R V D B J C
      O O       B H T V D S U K F K L
      G S Z A N F O D I U L A D M Q R
      R R S Q K D M R N W O U O W D E G
      S U Q U X M O A G O A Q V X N L V X
      G F A F L L A G O P C Q E G B L G L U
          F D B F P W O V Q U X H G W K H F M
          I E R R S O N P L G A B I Y I X P Z W
            E V V B R N S G J U Y V T W P Y     N
            R B I B F Q P Z O Z O Q R Z M       X
              I   W                 E   T
              X   Q                 U   K
              R   U                 E   U
              U   S                 C   E
              S   Z                 M   V
            X J   P U             H C   B D
```

38

Animals that start with E

```
L  A
F     O
D  R  X                    U  E  L
V  I  X                 Y  K  K  Q  H
Z  F  F  F           O  I  Z  I  F  S  F
   X  Y  U        B  F  J  V  E  F  W  Y  Z
      K  K     Q  D  C  F  L  B  L  U  X  N  F
      Y  F  K  K  T  V  E  A  G  L  E  E  Y  T  M  Y
      E  Q  C  S  M  K  O  O  P  E  V  P  P  U  I  E  K
      Q  D  Z  N  L  B  Z  G  F  E  W  X  J  H  Y  X  M  Y
      G  C  Z  E  X  E  C  C  L  G  Y  A  O  A  G  G  U  R
         C  C  G  Q  Y  V  E  Z  Q  V  R  X  W  S  N  Z  C  G
         U  B  U  N  C  Z  D  Y  B  J  W  E  E  Z  K  T  W  R  N
            Y  C  S  H  U  Z  F  Z  T  T  F  T  X  G  F  O        R
            K  Q  Q  P  Q  V  F  M  X  B  P  P  E  Z  M           O
               Y     L                       A        Z
               X     B                       H        Y
               L     M                       F        Q
               A     I                       E        N
               P     L                       F        O
            I  C     T  Q                 R  C        Z  G
```

39

Animals that start with F

```
                                        S
X A                 C           B       S O
  E M             R H         B M P C P   I
  C W     Y     F Q         P V F Z P J B H       W F
    T U Q W P F T       H I P V C M R B S I W     V X
    X M Q J E V O   O F T L T T H W I J A N P   L Q G
    G I N S Z A G X U Y O D E W F F J B R S F H   S D T
    R P P C V J H X I L M R F C M P A N F F A L C O N
    L B Q E Y A R R S E R G V F I N C H G S T Z W G
        Z F F Y B   K L E N L V F E C R D K C F Q A P
              S S     F Y D Z P E F U E P C N Q B A
                    E K K Z W V J T V Q B Q T G
                    F Z P P O J G N X D I S N
                    G     P Q W S W T C K Q M     U
                    R     S L J J U R Q N D H     M
                    T     U   X E M M O J   M     R
                    V     M     A P L C     K     W
                    W     D       W P       X     J
```

Animals that start with G

```
                                              W
U I             Q             E               D V
  S C             F Z           S M S L L       J
  P I     I   F L       R P O P C R A C         F G
    S K K O O U V     O M F P A S U J C V T     N P
    Z Q G C L H K   K B E U K G I Q R H B S P   N R P
    L Q E Q Q J G W B L L J H B O K B B P T N U   O M P
    M H Y K N K W A J Y O N R W O A I B C O M A B E S
    R X Y G E C K O Z U G P V G D J T P B D D B W E
      I O P Q P   I P E V W U X X X D R L C I L K L
          J F     Q F L Q Q G J G B U B G A B K
                  L E F L G I R A F F E Q I U
                  R Q Z U E L Y F X Y D T
                  A   D Z Y U E B H F A M   T
                  U   Z P B P N P L Y I A   L
                  O   R   W E Y G I O   A   Y
                  J   A     T R I G     A   G
                  I   T       K B       G   K
```

41

Animals that start with H

```
                                                              L
O  P                T              P                       C  U
 R L               F L            S A G G H                 J
  G Y      I    J A         T J H M X K F G                K X
   O C M C T C C      H A M S T E R E I X R               A H
    Z P C D N B U   Y O K S H R A S Z N E I W            F C W
     O D B C L D Q C Q Z M Q K Q A E L W R O M D      Y T F
      S D Q H A R E Z I H K H E D G E H O G D T Y Y I E
       Y I S R D Z Y F X A Y Q H V K M L A A A F Z L M
        G N Q N G   P Q W Q G D H D K U I R Z Q G J P
         D K        O K J V P D A P E M O J A K V
                    N Z J N B R U H J W P H Q I
                    A V Z L H T G Y S F M N N
                    S   Y J W C G T B C Z U    E
                    F   F E L C G I F A R F    Y
                    W   S   F F R P Y H   P    V
                    F   M     S Z V G     G    Q
                    F   C       S G       M    E
```

42

Animals that start with I

```
                                              C
U  I                  J               C           T   O
  J  E               I  X        N V Y S D          D
  P  O       A    U D       Y I S O P O D V         I  X
     F Y E L P R V     N S F B D C J L A E E        C  A
     A O L W I W R   P E X K I I A V V B G A Z    R  G T
     F N I C J V M K Z O S I S R U Q S P N Y T G  F  B A
     W D V Q H Z X H Z Q K B N L O H M A A Q X W O A  I
        I A A X Y N Q P K C L N G C T D U Z T M I R L E
           Z W X R J   C N Z T Y Q D H G M J K B Y A L U
                 F W   H L V C H M I W V I O U P W L
                       G T H U F T Y F O F F M R T
                       C R N C R I S I V R I S A
                       S   Y I I S S B I A M Y   L
                       W   I M H U S W P I A P   K
                       X   Z   M B D K C V   H   X
                       O   Z     X G P G     M   S
                       H   S       F E       A   W
```

43

Animals that start with J

```
                                                    R
G L              T           W              E J
 R Q            B F       F D Y G Q           F
Z Q     S   A D       Q T L F N X Z R         F T
  P T M E J H F     T V T O W R S T T J J     E V
  L J L T E E P   K L U H S X W X O L N H A   F K C
  J N D K R Z R O B E O A M M E X K Y S T W B   Q V V
  J K H X B H N X M X U Z S G K H G I I Q G G R R F
  V R R A O T E I Z Q R S U Y U R F B T F E A H Q
      P I J A S   E P H L U M I G Y B H T L U P N L
        Y G       L J A C K A L A H N U G C D V
                  G T J U E L R M N K A Z R J
                  L V E R E K E L B J O L Q
                  R   C J C U U M Q J M Y   V
                  E   K A J S B Z L L R S   A
                  L   J   T G T R I V   O   I
                  I   K   H Z O W       Q   I
                  B   R       Q O       T D
```

44

Animals that start with K

```
                                                        S
B M              Z              H              B J
  O K            K Z            K R H P P        O
  O O      N   F A          P M I B K G I K      H J
    A O G F Y D F     Q N F L R W I T D R X      J M
    L N V O D S T   V V J F D F O I X Z W K S  B Z X
    A Y F U G A O W T L Y J C N I Q I Y E S G R   Z G H
    N I M O O K U H R Q V F U B Y P S Q H G E C P O U
    D S K C P L O C L L N S C G U O V P U X J B O D
      L S Z M F   O I X K D I V O A W N C Z H R U T
          K E     K I N G F I S H E R Y J A Q J
                  Q A L H H Q I O Y W J G P O
                  D C B D W X M R S M N R Z
                  W   I U Q Q L O J A N M   U
                  K   Z J R X T D K F I V   E
                  E   W   A R P L X J   Y   B
                  D   O     M A D S     B   C
                  M   Q       H K       D   U
```

45

Animals that start with L

```
                                                    L
P V              S              R               I R
 R L           F T            I M Y H J          H
  E U    L   L M         U A J C X Y O R         X X
   C V B L M R R     X I J Y E V N H U P B       G L
    N H I Y G K J  R Z B N E L U G M K P O X   D C Q
     P T P L U X Z T D C A L V F E E D P S N H C   C S Q
      V J G N H B U Y J H L R I J L O S Z Y D G B X Q J
       K V E L C I P O P L M C P K Z D P L L U Q D A U
        M W Y C R   I W C Y F G D M K G A B K J H T J
         A D        V R F D T Q N P S Y R C J Z O
                    K V M D E M O M D W H D K N
                    T F T D Y W O A M W V M A
                    H   E R V I L F X Y A N   M
                    T   P F C N K U Z Y Y Y   U
                    L   Y   C E C Y Z S   S   C
                    Y   U   S E C Y       E   B
                    I   G     X H         G   R
```

Animals that start with M

```
                                            R
B I               D             J           Y V
  F K               X B           J U F R S   O
  S Q     V   X W       S R C N C D R U       A S
    U S S M T M X     J Z O Q M D D G U L X   Q S
    X W J D E A Y   R E C O H E A I X G Y E J   Q B W
    Q M G V Z C K B I E I R F T B N D R P Z D C   F P M
    S X R N H A R P R M N L S R T E A N P E V S A F X
    I X V I Y W G T Q O R T S D S N B T F I Z C T T
      R B D V A   X M G O U K A H K E J E Q K Y M T
          F M     A X W U C H M E G O C E T H U
                  B I V Y Z M A C A W N O Q T
                  G U U H S J N F D N Y G R
                  D   J C U O D T Y S W J   Y
                  U   E S U E R C N S J B   F
                  O   H   M L I C T V   T   F
                  C   Y     H L S R     W   C
                  L   Z     L C         X   Q
```

47

Animals that start with N

```
                                              O
 B L              T              P            Y K
   M B              V K        N P B G L        U
    D C      Y   N C        I R A L A N E H       T C
      D A M Q U U Z     I I M M J R I A L C W     G I
      Y C B K T M V   N U C D R X I W B C H R W  G R G
      H V G Z L B P M S N G Y K U D N H Q N T D E  W E Q
      G C V P S A F E P E Q C H X P V U A Y M G S X L Q
      W K U X J T F I W A K B P H R I E H L Q H I A B
        B W G A S   M V T N U T R I A R G T Q Q G C F
            D Z     M W B F M I I A C D W W N Z D
                    P Y N S H H T L Y A M I P X
                    C C R H X F I N Z R T Z Q
                    O   R Z N E W T S H P N   O
                    R   J M E L T T G H L O   Y
                    M   M   N V K I Y J   G   S
                    W   E       T N A L   X   Z
                    D   G       U I       O   F
```

48

Animals that start with O

```
                                                    Z
K M                 K              D                E E
  O P                 B M            G L G U G        I
  V P      E    D A          A W L C O P V I         G F
    O O B O P L Q      I Z W Y Z W E H S K T         T A
    T D S Y R S W    H B Y J L U R C X X R P V       S N F
    A L L S T A A V U T T W B X I I M O X L O R   U F V
    U G L I U O N D J V O O B R E Q S E O E K Z G I K
    L U T D N M N G T L Q J T W S W S C K L Z G Y Y
        L S K B T   B U E T S G X Z X S I R Q Y L I G
            F M     Z T O Y A O A R F I S H C S E
                    N B A L K Y V R V F U P K V
                    C C D N T J C I V X Y R R
                    S   R G J V V Z O N L I   M
                    M   I W F V R B N Y O N   C
                    T     M   H M R W V D   C   H
                    R     N       E K M P     B U
                    F     Q         U Q       D I
```

49

Animals that start with P

```
                                          Z
P E                L              T            D W
  Q Y               U D       Q E R P D          D
  N Z      Q    T L       T B F I W N T I        T L
    H E Q J T M V     F O K R W C N T V T D      J H
    A K K M Z P H   T N N O O J W S K N N Q M   M N G
    R I L P A R R O T G S J P B O P J O H L J B   I S P
    E S R F I R F S D C C X E F G K X W L L K R N U M
    O I R S G A P I X F X Z L G B R H L K R E I P H
      H Z N X K   P H Q G W I Y J L W M I M U Y Z N
            W D       E B N J C H H S C E B G T K A
                      E A W N A D N E R X N A I J
                      H M C V N E T K E E L K W
                      F     D O C O E J P P E P     Z
                      O     I E C V F O Q X Q V     K
                      M     X   F K M K S B   H     W
                      J     S     W Z P W     D     Z
                      R     Y       X V       U     Q
```

50

Animals that start with Q

```
                                                        E
A P                    L                N               F M
  B C                    Q M              N P W J M       J
  Q V         R     P Z           B E Q U O K K A        A U
    B M K T Z G U       A Q Y U U W Y U T T Y            E M
    D M I P C Y C   U G Q J P G B N Q F N R N          U W K
    S A Q E U M A O L R H U C C T U O H W F E H    G R Y
    E J U O I B L N F Q Q U A H R O Q U E L E A H C W
    E T Z Y I X I Y A M H U V I J O C P I Q U T Z W
      F K T T Z   F Z P T V E O L F P L R Z C O R Y
          Q G       I Q E M D T J W M D A F S W U
                    R Y K B S L Z X G L L B Y
                    E O U Q E N U A W X U W X
                    Y   H D X O I W L Q Q W   E
                    P   Z J K T J G H B Z W   N
                    U   O   R N J G Z C   M   M
                    E   R       P U A V   G   U
                    I   Z       G O       F   K
```

51

Animals that start with R

```
                                              N
N O                T            U             F Y
  L R           A Q       I B V O S             H
  L A     L   R N       X C R S N L W W         X O
    C H M X D G K     N P M N Q N K Y R V L       T A
    C D F P E C W   R P F Y W Q C Y C A T F O   F M V
    O D Z D I H O A A Y K H Z H E H K T S N G Z   Y Q G
    O B O C O X M S B B H S V H Q F C T D S X T R D Y
      N S I Y Y S I A B K Z P R C R Z H L Y H X V T H
        E S X R J   S I E P Q V P V M D E L R A V E N
            L U     T P Y X V O A J D S X Q Y A U
                    S N P F J L L Q J N P W S P
                    F H Q F S T E T Y A T I B
                    O   P M I T K A J K E U   E
                    F   M W P C P B F E B P   V
                    O   L   H K U Q Q E   W   Y
                    O   C   H N C Q       B   M
                    W   G       G G       V   J
```

52

Animals that start with S

```
                                                P
C E                 V              I            T L
  U J                 V Q        Z A S C C        U
  A Z       C     W T         J Y E N W X M T     S I
    P K Q W N F C       B E P U S A C Y X L Q     D H
    H B T W M J Q   Y S I T I U K Y D I A H Z   M X Y
    N Q G W B T G F F G G E C Z E O H O R Y C E W Q
    Q S P W B S L B U J M U E M Q E I B K N S I A Y U
    S A L A M A N D E R U H N Z G E O Z O F E X N H
      G Q P W H   G G G L Z X E S H N I E G L T G Z
          V K     I G H O Z Z M O L J O C L H X
                  J E S E X U M A K O M L J U
                  F X A P H L E L L A X O O
                  O   W V A S G N J K X S   C
                  G   F S Z Y U A Y U U N   T
                  W   I   P D B U X M   L   M
                  M   S     V M E K     T   U
                  J   H         Z B       M   Q
```

53

Animals that start with T

```
G P                     F               W                       K
  G K                 O T             T T Y M L                 B U
  Q T       J   D X           O T O L B F E E                   X
    S P Q E J R V         C M Z A U S M W W B U               Q C
    U C T G F V O     B I E P R M F L Y Y A D H                 M V
    T P G E Q V Z V Y T V M A T E J Z G Y S I K             E G M
    W H T D R P R L Z W V F N S Q T R N W A W G Y K       B Q Y
    G R G Z V N E K U E F O T P P P S I W R P F Q N         K C
      D G V E T     J U S A D U A F B E T L R E V D S
          C D       A T R G L Y M F L F J T W X X
                    X U H O A R X A K D I I I P
                    S F Z R L L Y N R M W G S
                    R   O C D H F X R I U E   Q
                    M   K G W O Y E H N N R   Y
                    A   Z   B H T F E R   Y W
                    I   C     L U J J     L B
                    W   K       G S       K T
```

54

Animals that start with U

```
                                            Z
I V               D           U             O B
 Z W              L J        B F M T I        R
  M J      S    O C       V J A B L W J A     B N
   P Z E R K U J      S D C Z V R F Q C Q Z    I Q
    W T F R S X F   W D L P N I E F W K Q Q N   H N U
     L N K B K U U B D F U J M N L H O D H P R M  C Z N
      E P G J H Y C D A E V L S Z L D L N H T C L R O P
       O I X K X L W J E C N Z J S A Z A F V B U U B M
        Y E F U T   R L D B G Y Q B V K M D H O C U U
           B T        C N R Y S K I U F N T I V O M
                      U C U A K A R I T F Q G J C
                      U C T A D U D X S A D O W
                      E   H Y B X G G X S L I   Q
                      L   F F W M X D V S W Z   H
                      W   R   Q E S D V V   V   J
                      R   G   K A B Q       V   Q
                      N   L   Z J           W   Y
```

Animals that start with V

```
                                                              Y
  T T              L               B                        I   F
   T K           R Q           F G X T M                      D
  R P       D   G J         Y M X C G V T N                    A C
    O S U E V B R       Q U G J I U J H E E M                  X L
    V H Y S I U R     N K A D W S K J F K V Q F              V M L
    A J Z O Y E L F X T C E L U U W G Q O H N C           H Z Z
    C Y K U P W N T U J L M M W V V Z N O W F P X P L
    I F F I A D G Q U O G I Y V I M I Q S F J N F R
      Z V M C F   P V R D P L I X I B C Y Q Y Q Q Y
            J G       J F E Q B K E S H P U S N I M
                      U D P A J E N E P N R N O M
                      L A N O T R S Q S H S B A
                      R   W Z S X P F L N P C     D
                      G   E G O Y X A S L T H     B
                      L   H   L Z Q R B W     H   N
                      M   W     H B C A       S   J
                      M   K       V F         G   P
```

Animals that start with W

```
                                              L
M Y                 T             U           N D
  Q K                 G O       L T A U G       X
  A P     P     P M       V Z E P N R V S     Z W
    U R M X R C C     F I W A L L A B Y R Q     G Q
    K Q H V L V K   A M B I R M I R B B T B E   I J N
    L E E N S E T U Q G M J X W N O V M D L G H   H T I
    C I W A S P R S Y T H Z D A U A I K A M H R V D D
    J P S A K X B T S V G S Q L A E G H H G N N G M
      H D K Q K   W R S W S F R U U W V U W H O E H
          S P       F X S A N O V L O F Y U J G U
                    E P B V L O F A R M Q A Q L
                    H Y Q N N R U N Y W N B E
                    V   S T I Y U K N A J S   U
                    F   O T R Y A S D N A V   E
                    D   D   K G H D U E   C   F
                    B   I     R R B W     Q   S
                    Q   D     L F         L   O
```

57

Animals that start with X, Y, Z

```
                                                              R
Q Y                       J                 Q                 H I
  O W                       U W               V N J Z H         V
    D G       K       B Q           Z D S D L B G S           A Y
      A T N O U F W       X O X Q M S L C U L S               M O
      L S G S R E Q     B I Q E C W F B I P X Z X           F K R
      N W D I I I O S M N O F Y C K Y M W E W X M         R K Y
      X Z U F M Z E B R A J F E P P V S W T C Y J R A O
      P F H Q J D P T U O J K Y F O K P N M P A P P D
        F W Z N J     B X P U X V O B O A J J F K G F F
            H D         U D R E X E N O P S A C G E L
                        F O W D X - R A Y F I S H P
                        U A U N Y J I Z X E V Y T
                        E       B B U B T J J V D P       X
                        G       I G P C Q O V C C D       M
                        W       N P Z Y Q R C     W       V
                        F       O   T V P D       E       K
                        B       N     Z Z         B       D
```

Answers

Coffee Bean Types 1

```
Q  J  I  B  R  D  H  M  C  N  H  M
H  A  G  N  C  L  A  K  H  X  T  D
E  Y  N  Y  F  R  E  Z  R  T  S  S              K  O  I
Y  H  I  L  X  Y  G  F  O  U  D  U        X  I  S  H  L
E  V  F  T  T  H  L  F  X  S  N  H     S  F  W     H  I
S  S  A  L  T  W  I  N  V  W  J  M  F  V  D        N  I
K  H  L  R  B  F  B  G  I  H  N  K  N  C           U  H
X  C  N  B  A  B  E  L  S  D  R  Q                 G  S
Q  O  U  U  E  B  R  P  T  I  Q  M        K  L
K  D  V  P  A  T  I  G  Q  R  V  N        D  A  O
Z  S  G  J  V  P  C  L  B  P  F     U  J  R
V  S  E  S  T  V  A  B  A  C  S  Q  I  K  N
X  G  Z  V  V  T  E  A  Y  C  X  S  G  W
E  Q  P  Y  S  W  S  Q  W  Y  G  Y  K
N  D  E  U  F  L  H  V  E  S  A  H
N  M  B  V  E  L  R  A  Q  X  W  N
G  O  K  C  F  Y  H  P  G  V  N  L
R  X  X  T  Z  N  U  Q  W  L  J  K
F  E  H  I  U  B  L  E  M  R  K  Y
N  G  T  A  Q  X  L  I  N  F  Z  Q
```

Coffee Varieties

```
B W J P G O F G R V C A
G F K T T Q L G B R A E
F E S Y H G A B W O P C       T M C
D C U T H R T D L S P Z    O S C P V
Q F C E U M W M M A U J   K I C   E X
V W O S F Z H E A I C A B C D   F Y
V N F P R W I M Z T C K V O     L H
F A N R R F T N G Z I A       W X
B B R E I Y E O L A N C     O A
H Y Z S H Y X F I E O A   W D L
X S Y S L P S A Q J R T   J B S
L P Y O P A B U T G L W M A D
R G K K H Q T C W Y S O S T
Q G M Z X S Z T C Z S D C
B N Z D J J H H E O W I
Q D E R M F W D Y I U N
N E C U L W C K S A T G
H D E O V J M N H L V E
M W V J Z J H B Q R V H
D L S J Z P O L F R Y V
```

61

Coffee Geography

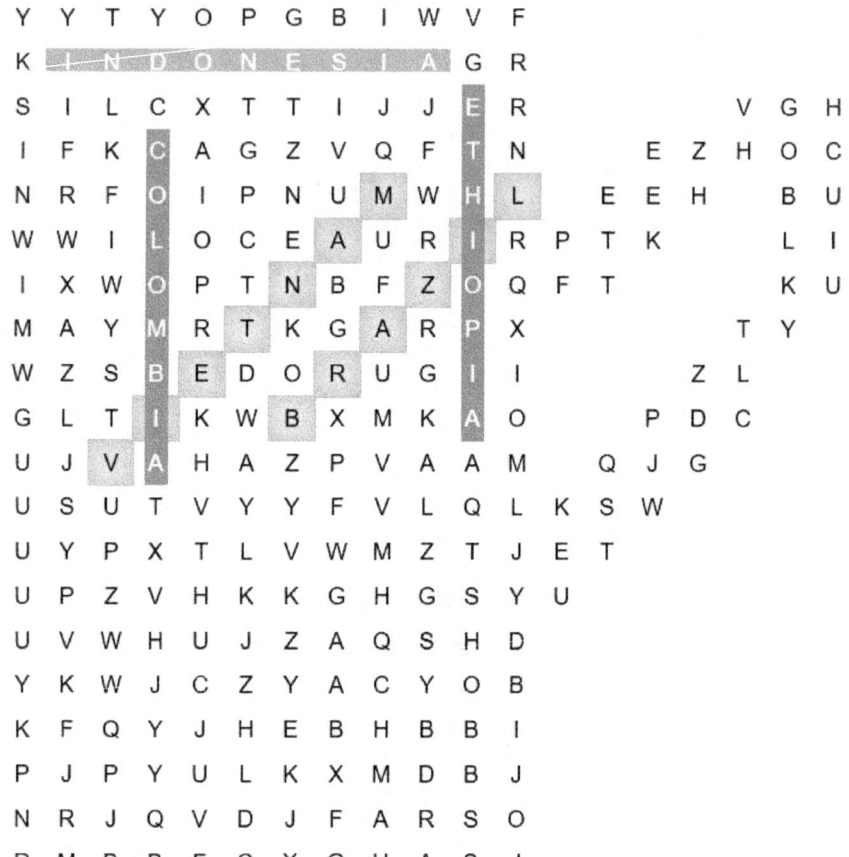

Coffee History

```
Q T A B D W U N X Q Y G
Y T H T J L D C E C J G
Z X S Z V X C C W R R G           F W C
T H T W S R H X S U C Z     V J R O B
O M W H F S W C X U P E   U N H   G A
I X T G L K Y M L A C G E N K   D E
L N Q C O L N T S I X K A M     Q Y
O C Q K A P W B N Y Z I       O O
I Y U T Q Q Y E P S P J     K G
V Y I D Y M V H C O F P   T H V
R H Q G Y U Q M I S Q A   V O V
B X M J E A O H Y B I N Z L W
U H D X H Z T O S O Q G F I
U D Y O R E Z O Z A Y E S
V J J X F S X S Q F Z H
J E Y A E F W T T A M M
W K G E E L A L L X P R
H Q Q N M C D H J D X V
E U D Y M E Z A V V Z W
H G N V Y T N M Z C O N
```

1st country to consume coffee **(Yemen)**

Country that invented 1st commercial Espresso Machine **(Italy)**

City in Europe that first imported coffee **(Venice)**

Most traded commodity in the world. Coffee is the second most **(Oil)**

1st country to discover coffee berries **(Ethiopia)**

Common Coffee Terms

S	Z	V	H	L	N	S	T	P	W	H	X			
E	C	C	P	C	I	M	Z	W	J	B	I			
O	T	L	A	A	R	B	J	E	Q	O	Y		W	G	J
U	J	B	H	F	M	M	E	J	R	S	W	T	X	Q	O	C
N	A	F	E	F	K	C	G	I	B	N	F	X	U	X	Y	P
B	L	G	G	E	X	Y	Q	Z	D	S	S	R	O	Y	B	S
O	I	B	D	I	U	T	X	L	P	X	F	Z	Z		I	I
M	J	B	O	N	V	C	S	Q	P	O	Z			W	G
U	B	K	I	E	M	R	W	C	N	U	V		S	G
L	L	W	M	E	G	H	K	L	K	I	U	P	X	L
P	U	A	Y	N	L	C	I	A	K	N	W	N	B	B
N	O	R	S	Q	V	X	O	T	M	A	N	L	T	V
F	A	C	L	Z	S	S	N	T	V	W	S	F	A
I	C	E	V	N	S	I	P	E	Z	C	T	P
B	O	Z	U	E	C	K	U	Q	Z	A	R
S	L	P	R	K	O	B	P	K	Z	Y	B
O	T	P	C	R	F	R	R	H	Y	Z	Z
U	S	E	T	R	K	D	Z	I	Y	D	I
E	V	F	A	K	V	E	H	J	M	O	A
D	G	A	R	M	C	U	O	X	C	C	T

Coffee South America

```
Z Z T D Q Y Q N D D N Q
H S B V H A K C M B N J
K Z H I P N P M C L Z S           A H W
O S F O U U B N Q R R J     A N O P T
B M I P U I X D U B V Z   Q L G   N X
M G P X A J R B R B T Q U A Z   B A
D Z C R X I C I X B J V Q J     N Q
C D T F E P N U Z R W V         X S
A O E O I E F L I V W X       S A
I O P P N E U X C Y L Z     X T W
E N E A C T P U P A B L   A N R
H N Z X I S A Q P P B L W O N
N E Q M H N N V X R I L P W
Q T T V A P C A S X W S C
G T S I Z O M O J B W A
H B G H K T T S P Q Z K
T O H F F N L L H A G J
M N I W A C E R R A D O
B H Z S H X N X S X N S
S U D X U M H R J T G I
```

Coffee USA

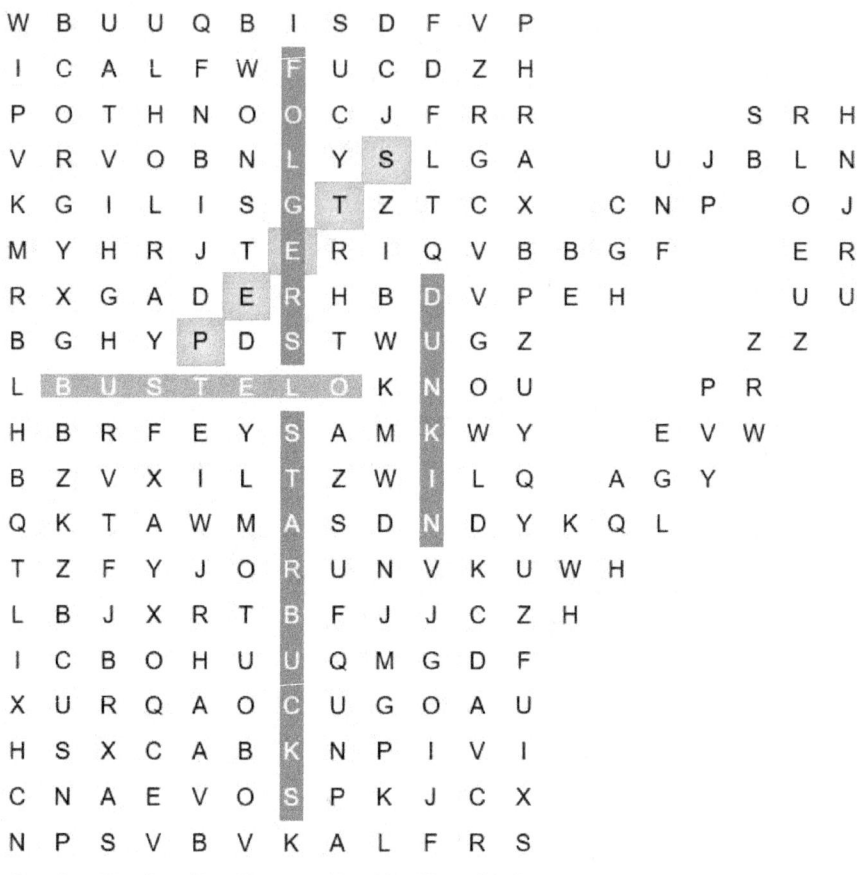

Coffee Australia

```
G  W  W  K  Y  P  I  E  S  X  P  A
X  U  X  D  Y  G  T  E  D  Q  I  X
S  E  W  A  W  K  Y  B  J  N  J  M              X  U  J
A  Y  G  Y  M  P  B  D  E  L  T  C        H  B  N  C  R
B  K  F  X  G  P  A  P  K  X  M  I     F  W  G     H  P
R  I  E  W  M  N  H  C  P  M  L  A  K  L  H        S  I
U  C  Q  Y  A  W  D  P  D  K  G  R  Y  O           O  J
N  H  F  R  R  A  B  R  L  W  Z  V                 I  X
U  T  W  T  K  I  L  Z  F  C  L  J              R  R
H  G  U  V  E  D  A  F  P  D  J  E           R  Q  N
H  L  B  K  T  O  C  L  N  X  P  U        A  K  E
Q  A  T  N  L  T  K  V  S  R  P  Y     B  N  H
H  D  W  B  A  A  S  I  D  W  D  P  Q  S
N  J  W  I  N  L  T  K  Y  R  M  C  T
E  H  E  P  E  C  A  F  O  Z  V  B
S  G  E  S  C  H  R  F  L  Y  E  A
H  Y  X  X  M  E  C  C  A  L  Y  Z
E  D  L  J  F  M  D  J  U  J  T  Z
R  K  F  V  X  Y  A  S  O  H  W  C
R  B  O  C  W  N  X  Z  P  A  B  A
```

Coffee Vietnam

```
B X V T D I N C I B X L
Q O Z H R J H Q T C W J
J G B H I J I C D O C L         Y S S
J G B M B E N Y G H H H     K K Q L C
Z S N U X G Y M V Y V V   L N K   P K
K Z T N P N R H R V A B I L T   E J
F Y C H E S T B R E W V X N     C O
F O E Y M C A E R T U H     Z T
A G U W U P R Z W V O C   L L
F G N K X V P J N J I Y   N C P
N N D V W R B Q H Y W A   Q Y Y
Z W S X I G K K J V D A S Q V
O R W T B N G K X O T B L Z
K T Z K T P A T Y Z R K M
T B X E P X H C D E Q V
F T W Q K T K K A P R R
D E L Z A Y K I L F Z X
V D V L P R M Y D N E G
K Z A Y I R H H A G O N
J D D G V E R I H F Z X
```

Insects 1

```
            J B             H Y
          K E               E C
        J T               N I
        O D             B F
      Y T           P R
      C J D Z W W U
      K   G   T               A M
  F P S F U W         E P J G R A Y
  S B T X C T K     G O N X G S M B M J Z I
    J Y Y T N J N I X Y H F O F C U W O C A
    I Q L C V C F T S I G J H H W Y P B C F Q
    J I W Y T N B V Y G A Q A T F L Y P H J M F
    D K H S G V W C H N H C O C K R O A C H X B
    S H K C R I C K E T X I M H E P W Q M Y V Z B
        F Z E S F H M P B T Y P K N M S V D A E X K K
        O G G R A S S H O P P E R P M X P X X C R U L
          Z N F D O J I K U O G O W M X C Y L W V B E
            K T F C M P W G L Q M G K K A S U F H N T
              S O     M A                 P U         E M
        P T S T     R W G             A G B K     C T L P
```

Insects 2

```
S  N
W     X
P  A  L                          H  I  N
L  V  C                       O  U  R  L  L
E  B  T  E                 G  N  K  P  E  W  A
   Q  J  T              K  J  Q  J  V  O  N  A  B
      T  A           X  R  I  X  K  U  U  L  Z  F  E
   Y  G  C  W  E  X  X  W  D  D  A  N  X  Q  V  E
      A  I  L  F  B  A  G  B  O  H  I  Z  U  T  Q  F  T
      O  R  K  C  I  Q  R  L  F  W  F  N  R  C  V  H  Z  G
      N  W  C  P  G  W  K  W  O  I  O  Q  J  T  Y  S  T  J  O
            C  M  A  G  Q  Q  A  I  C  F  F  Y  E  Z  V  V  Z
               M  A  E  E  E  U  I  P  G  U  M  X  U  I  F  J  L  Y  K
                  N  F  B  E  E  T  L  E  C  S  D  L  W  R  W  H        F
                  T  Y  Z  J  O  U  P  R  F  N  T  J  F  W  L           E
                  I     L                          L           Z
                  S     D                          H           J
                     L  D                          Y           N
                     M  Y                          M           N
                     B  J                          B           M
                  J  Q  L  K                    Z  E        B  C
```

Insects 3

```
Q  A
B     K
B  O  P                    P  I  Q
A  M  O                 F  M  J  O  Q
V  S  Z  M           M  D  G  K  P  I  P
   F  K  F        F  H  O  O  P  U  S  G  M
      K  G     U  N  X  Y  K  F  Z  U  A  J  V
      V  N  V  S  Q  M  D  Y  Q  K  L  M  D  J  S  Y
      T  W  B  L  T  W  O  M  P  N  I  B  A  S  A  X  Y
      K  R  F  J  O  W  L  T  T  S  H  Q  D  E  F  H  L  W
      X  S  F  W  A  S  P  H  H  L  V  I  G  D  T  S  V  O  Z
         H  E  S  O  T  L  I  C  E  J  U  U  Q  W  I  D  R  L
         C  G  K  R  O  S  P  I  D  E  R  S  S  K  R  R  M  M  J
            O  W  W  F  B  P  P  K  A  T  U  B  K  Q  A  D        B
            W  G  B  J  Q  N  E  A  M  B  S  P  T  K  R           Z
               G        Z                    H        P
               U        H                    M        D
               W        Q                    Z        M
               Q        A                    G        Q
               U        C                    Y        F
            E  J        S  X              F  X     A  M
```

71

Mammals 1

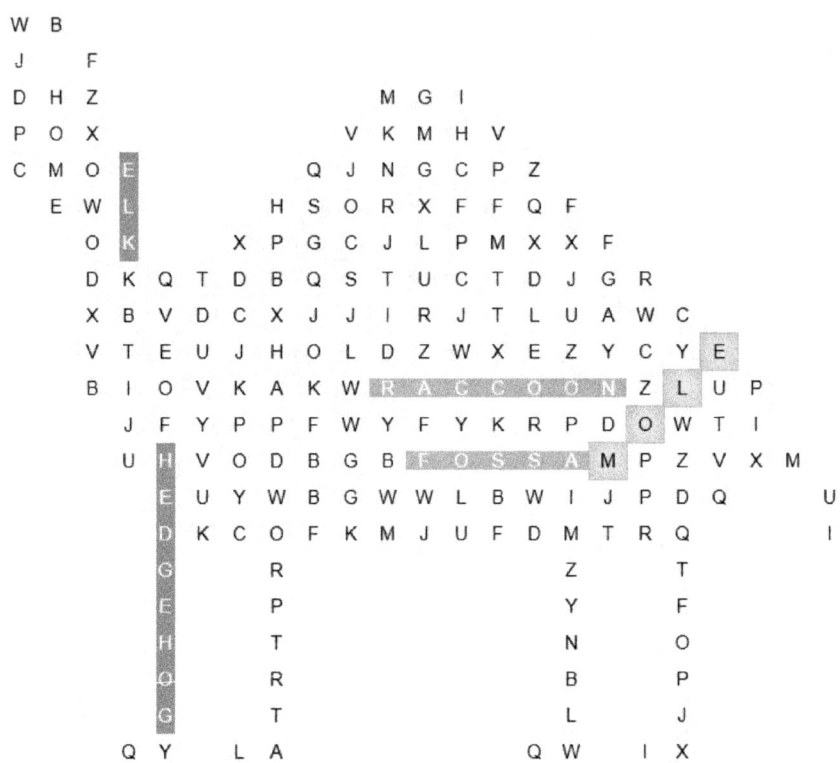

Mammals 2

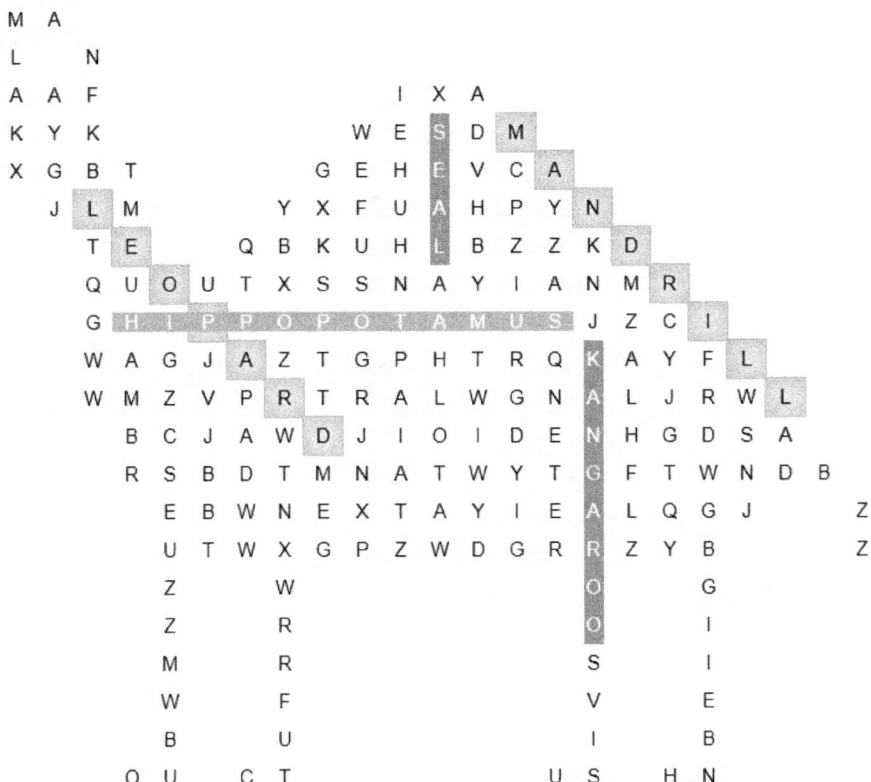

Mammals 3

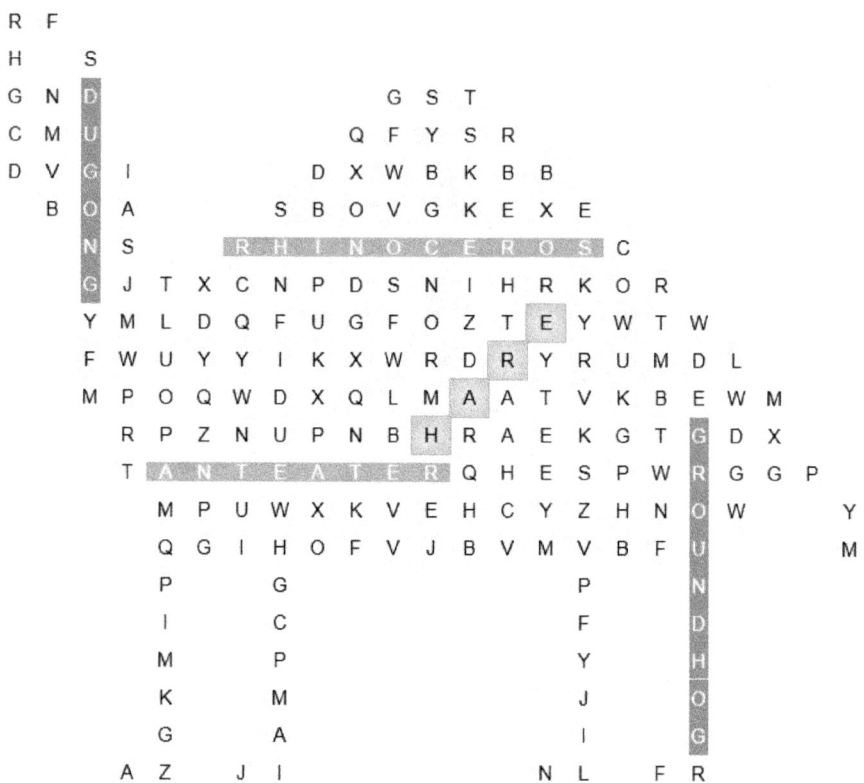

Birds 1

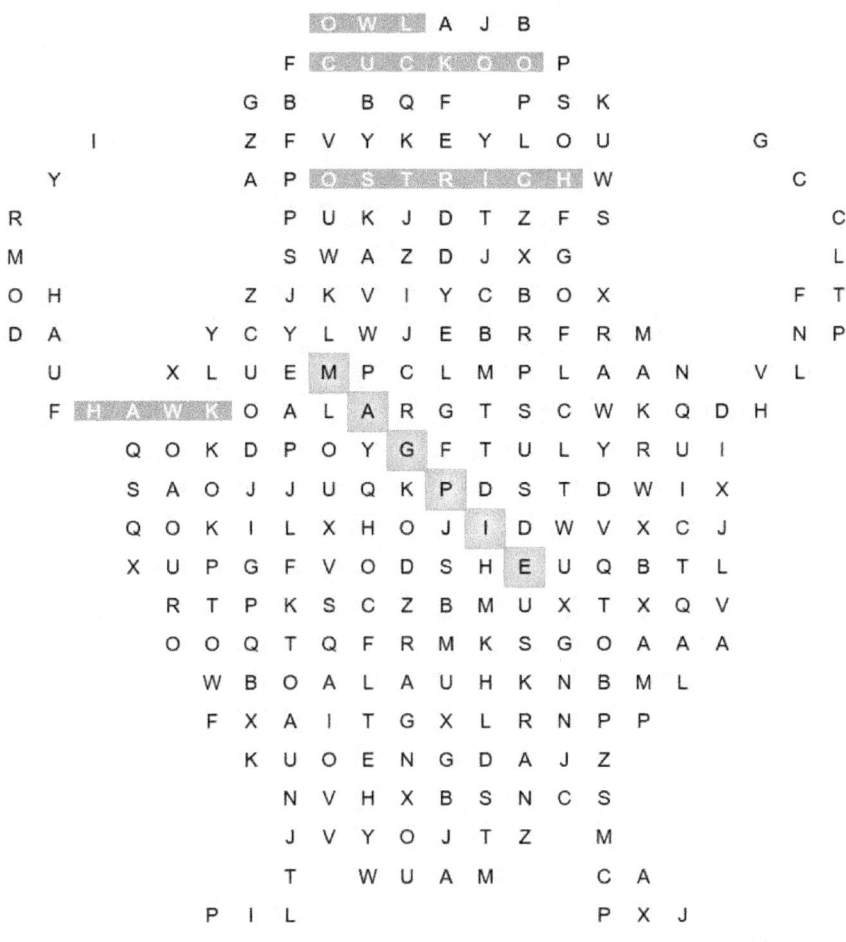

Birds 2

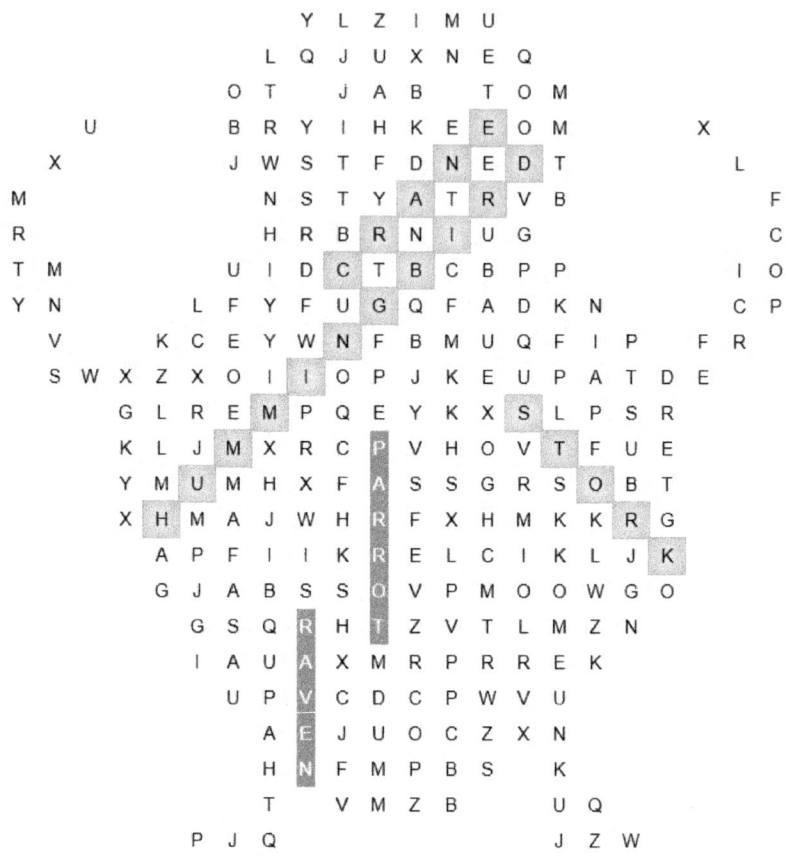

Birds 3

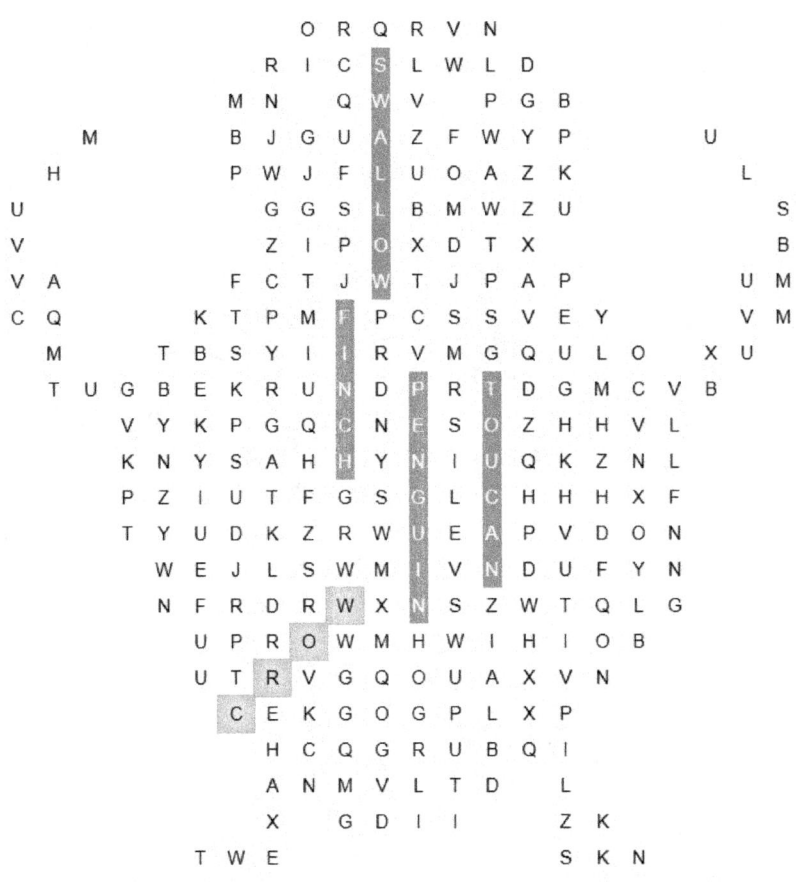

Snakes 1

```
A  U
B     E
T  P  S                 S  D  I
N  H  I           N  O  A  E  R
F  C  P  T        N  M  H  W  P  C  U
   M  Z  M        Z  W  O  Y  Q  U  M  E  Q
   A  K        W  T  S  I  N  Z  A  S  X  M  O
   L  M  N  Q  E  K  W  B  C  Z  Z  P  U  V  V  Y
      F  G  B  M  S  B  X  I  I  E  V  G  R  L  O  E  Y
      S  L  M  A  J  N  S  Y  G  G  D  S  W  A  O  O  J  R
         U  K  Q  L  R  G  A  L  C  O  N  S  T  R  I  C  T  O  R
               I  Y  S  H  J  T  K  T  R  E  E  S  N  A  K  E  T  N
                  J  A  F  R  C  C  E  E  N  Q  Q  Z  L  W  A  M  M  Q  B
                     E  F  G  U  H  U  V  T  S  A  R  X  F  I  R  D        R
                     U  B  P  V  N  T  N  X  A  H  H  C  S  V  D           E
                        G        I                    K        F
                        Q        X                    R        S
                        E        E                    F        I
                        F        Z                    W        E
                        O        L                    O        F
                     M  N     P  L                    A  D     U  J
```

Snakes 2

```
O  W
F     G
B  E  Z                K  A  E
D  U  X             F  F  C  D  P
U  P  I  B       D  A  Y  D  Z  Z  E
   T  P  U    R  D  Q  W  Z  E  R  L  W
      C  L    D  J  V  E  C  N  J  S  I  Y  D
      Q  H  U  O  L  E  U  S  T  X  J  S  A  G  U  X
      G  T  A  I  P  A  N  J  Q  O  W  E  G  N  X  P  K
      Z  J  M  B  C  S  U  L  F  H  R  W  O  D  Z  U  Q  Z
      X  U  M  V  E  S  E  A  S  N  A  K  E  Z  U  K  O  N  E
            X  P  Y  T  H  O  N  O  C  B  S  M  K  I  M  E  X  V
            A  T  J  I  J  T  E  C  O  B  K  K  X  J  S  G  A  O  D
               T  K  Q  R  A  T  T  L  E  S  N  A  K  E  G     I        W
               I  M  N  N  Z  O  F  X  G  A  V  K  B  Z        -        N
                  E     V                       O              E
                  K     F                       T              A
                  X     D                       E              T
                  T     K                       S              E
                  A     H                       T              R
                  Y  E  Q  T                 M  S        A  G
```

79

Snakes 3

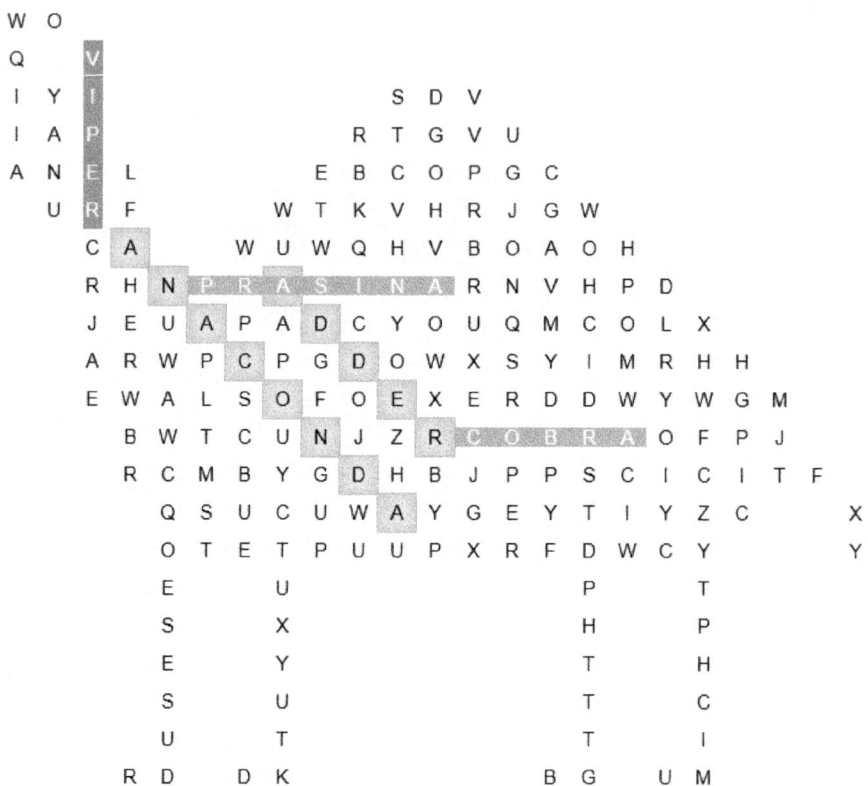

US Animals

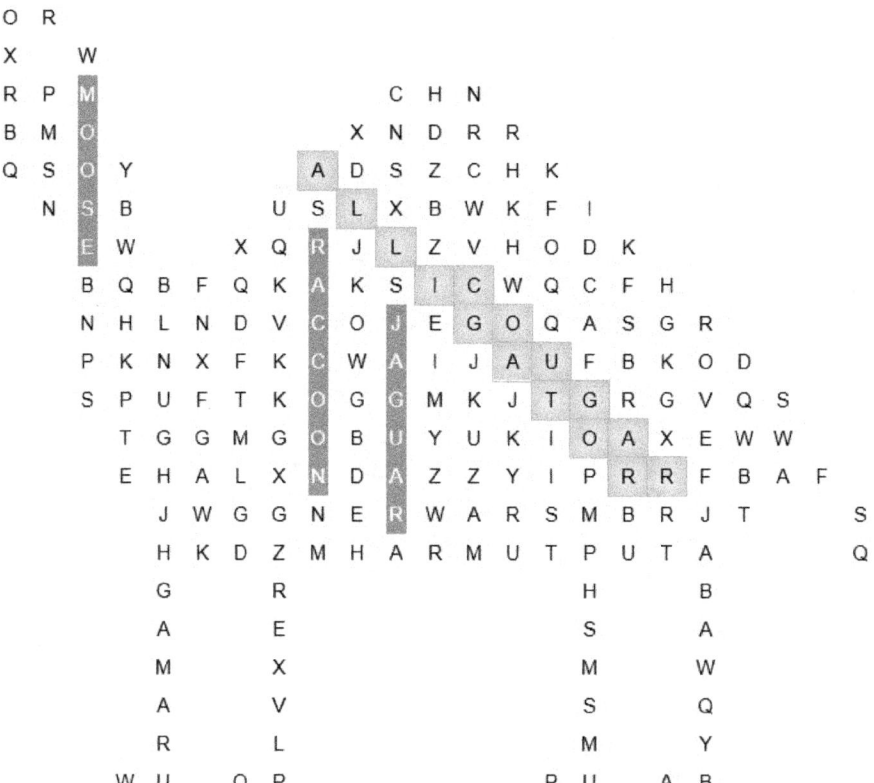

Europe Animals

```
R  R
S     Y
D  R  V                    U  I  U
G  A  Z                 E  O  O  G  Y
E  P  B  B           W  H  I  L  M  F  Z
   W  A  C        C  W  X  T  C  S  A  Y  Y
      K  X     D  F  R  E  P  L  L  J  H  K  X
      T  R  E  I  N  D  E  E  R  Y  O  D  S  D  D  A
      D  M  I  N  K  W  T  Y  L  N  L  W  X  Y  N  B  X
      A  O  A  D  P  H  M  A  A  X  J  P  Z  Z  I  T  K  Y
      B  Z  W  I  C  D  Q  S  K  K  Q  X  W  H  L  D  H  G  F
         G  K  T  B  B  A  C  H  E  B  R  O  W  N  B  E  A  R
            R  M  B  F  S  K  E  Y  M  O  O  S  E  X  B  L  Q  D  P
               R  Q  I  C  O  H  K  N  F  G  V  F  V  C  W  Z        L
               O  F  S  C  P  R  F  W  V  R  X  L  N  L  D           H
               Y        G                       V        Y
               B        Z                       D        B
               O        M                       L        I
               O        Z                       D        B
               J        Z                       E        G
               K  S     C  M                    M  K     K  O
```

82

India Animals

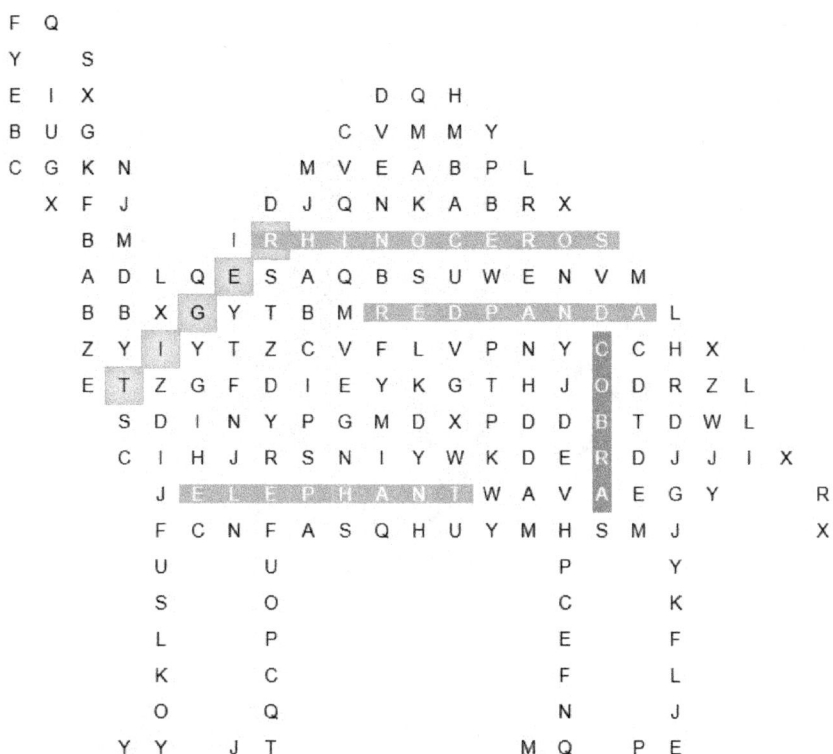

Australia Animals

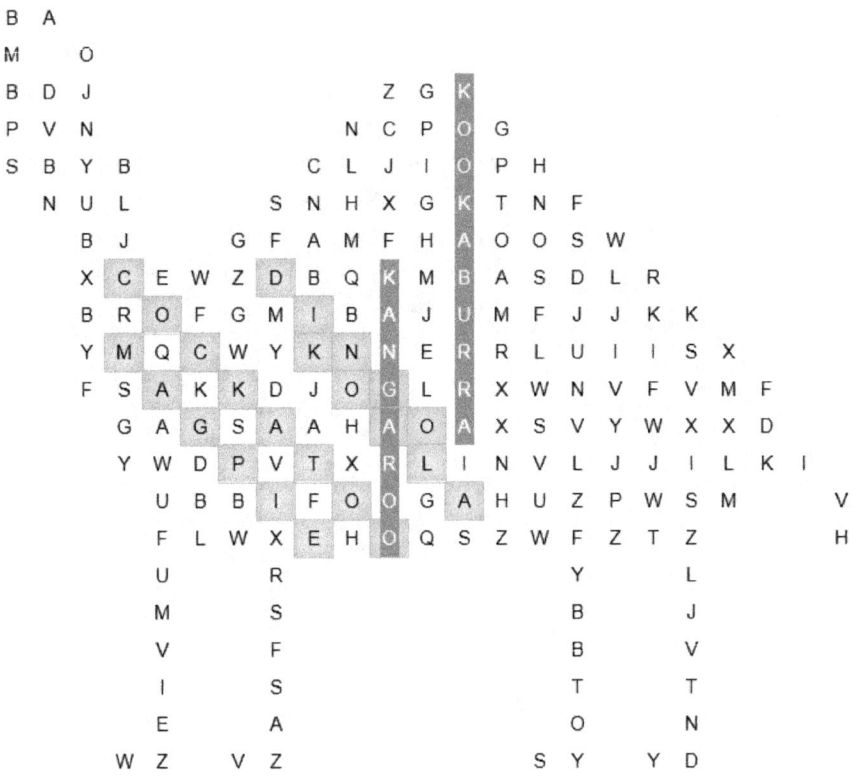

African Animals

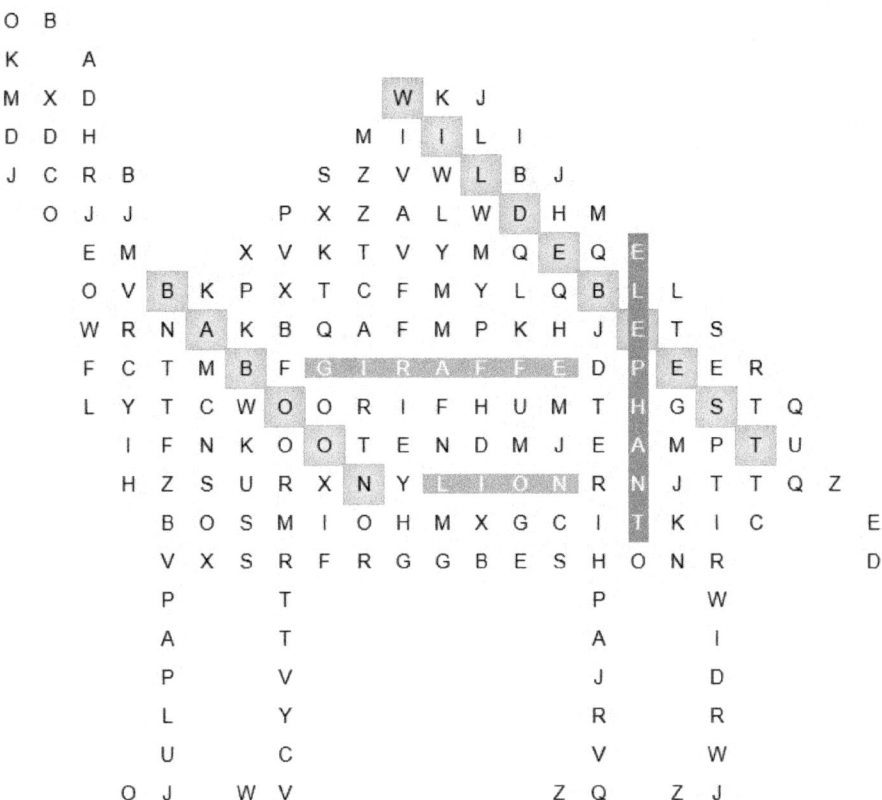

Animals that start with A

```
    X  A
    T     S
    D  B  X                W  Z  E
    U  V  E             Y  Z  L  G  M
    O  C  K  U       A  A  H  R  Q  E  P
       K  Z  N       K  A  N  A  V  J  E  O  F
          F  E       R  T  T  L  T  P  D  U  R  S  U
          H  T  J  V  L  L  M  D  B  E  P  J  Q  S  N  E
          U  L  Q  N  A  L  R  I  I  A  A  R  Z  E  A  T  K
          B  N  P  W  A  G  O  U  T  I  T  T  G  C  A  T  A  Z
          I  N  J  Q  A  L  X  J  E  K  Y  R  E  H  H  F  H  E  H
             G  M  F  T  A  L  L  I  G  A  T  O  R  V  Z  F  X  A
                T  I  H  I  S  S  D  V  F  L  W  F  S  J  Q  O  B  P  X
                   A  G  L  I  T  B  P  G  N  G  I  Z  S  X  E  I        D
                   L  Z  B  Q  C  C  A  C  V  A  Q  V  W  S  X           Q
                   P        A              B              Y
                   A        M              L              J
                   C        Z              Q              J
                   A        J              R              U
                      D     V              U              T
                   C  C     R  H              Y  A        L  G
```

Animals that start with B

```
Z  B
F     W
Y  F  U                    F  H  Q
Z  U  X              X  T  H  Y  J
Q  W  P  Q           E  V  R  D  V  M  Y
   C  P  V        U  J  F  I  T  Q  T  V  B
      B  G        W  S  G  E  Y  X  F  I  V  S  J
      K  A  B  Q  G  O  Q  H  P  R  X  H  B  N  P  K
      M  I  B  W  F  P  O  Q  Q  O  Z  V  C  J  X  B  L
         R  B  N  O  G  B  A  N  D  I  C  O  O  T  D  A  N  G
            D  B  Z  M  O  G  Y  T  N  F  B  A  T  A  R  D  O  R  Q
               A  K  C  Q  N  J  I  F  X  Y  F  G  P  W  G  B  O  S
                  P  Z  L  E  L  S  O  C  N  B  E  A  R  J  E  A  L  T  B
                     C  L  T  I  Z  P  G  T  X  J  J  P  A  R  T  O           T
                     J  V  I  M  S  A  Z  A  F  S  M  T  Y  B  Z              P
                     J        G                    D              B
                     A        Z                    X              L
                     O        K                    G              Q
                     L        Z                    Y              T
                     J        L                    Q              X
                        Z  V  L  X                 A  U     O  P
```

Animals that start with C

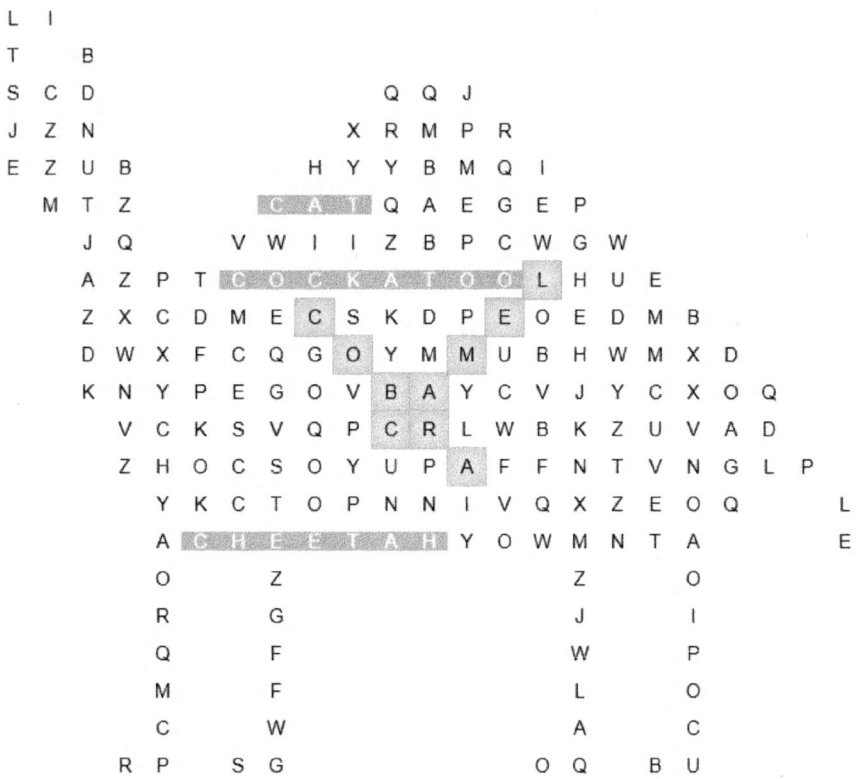

Animals that start with D

```
F  I
L     A
F  B  R                       P  S  D
T  S  O                    B  S  D  U  V
K  M  Z  Y              W  L  W  Z  E  Z  J
   F  R  F           U  K  A  R  V  D  B  J  C
      O  O        B  H  T  V  D  S  U  K  F  K  L
      G  S  Z  A  N  F  O  D  I  U  L  A  D  M  Q  R
      R  R  S  Q  K  D  M  R  N  W  O  U  O  W  D  E  G
      S  U  Q  U  X  M  O  A  G  O  A  Q  V  X  N  L  V  X
      G  F  A  F  L  L  A  G  O  P  C  Q  E  G  B  L  G  L  U
         F  D  B  F  P  W  O  V  Q  U  X  H  G  W  K  H  F  M
         I  E  R  R  S  O  N  P  L  G  A  B  I  Y  I  X  P  Z  W
            E  V  V  B  R  N  S  G  J  U  Y  V  T  W  P  Y        N
            R  B  I  B  F  Q  P  Z  O  Z  O  Q  R  Z  M           X
               I     W                       E     T
               X     Q                       U     K
               R     U                       E     U
               U     S                       C     E
               S     Z                       M     V
            X  J     P  U                 H  C     B  D
```

89

Animals that start with E

```
        L  A
        F     O
        D  R  X                       U  E  L
        V  I  X                    Y  K  K  Q  H
        Z  F  F  F              O  I  Z  I  F  S  F
           X  Y  U           B  F  J  V  E  F  W  Y  Z
              K  K        Q  D  C  F  L  B  L  U  X  N  F
              Y  F  K  K  T  V  E  A  G  L  E  E  Y  T  M  Y
              E  Q  C  S  M  K  O  O  P  E  V  P  P  U  I  E  K
              Q  D  Z  N  L  B  Z  G  F  E  W  X  J  H  Y  X  M  Y
              G  C  Z  E  X  E  C  C  L  G  Y  A  O  A  G  G  U  R
                 C  C  G  Q  Y  V  E  Z  Q  V  R  X  W  S  N  Z  C  G
                    U  B  U  N  C  Z  D  Y  B  J  W  E  E  Z  K  T  W  R  N
                       Y  C  S  H  U  Z  F  Z  T  T  F  T  X  G  F  O        R
                       K  Q  Q  P  Q  V  F  M  X  B  P  P  E  Z  M           O
                       Y        L                       A        Z
                       X        B                       H        Y
                       L        M                       F        Q
                       A        I                       E        N
                       P        L                       F        O
                    I  C        T  Q                 R  C        Z  G
```

Animals that start with F

```
                                                            S
X A                         C                   B           S O
  E M                         R H                 B M P C P   I
  C W        Y    F Q             P V F Z P J B H           W   F
    T U Q W P F T       H I P V C M R B S I W                 V X
    X M Q J E V O   O F T L T T H W I J A N P             L Q   G
    G I N S Z A G X U Y O D E W F F J B R S F H         S D T
    R P P C V J H X I L M R F C M P A N F F A L C O N
    L B Q E Y A R R S E R G V F I N C H G S T Z W G
      Z F F Y B     K L E N L V F E C R D K C F Q A P
          S S       F Y D Z P E F U E P C N Q B A
                    E K K Z W V J T V Q B Q T G
                    F Z P P O J G N X D I S N
                    G     P Q W S W T C K Q M     U
                    R     S L J J U R Q N D H     M
                    T     U   X E M M O J   M     R
                    V     M     A P L C     K     W
                    W     D       W P           X   J
```

91

Animals that start with G

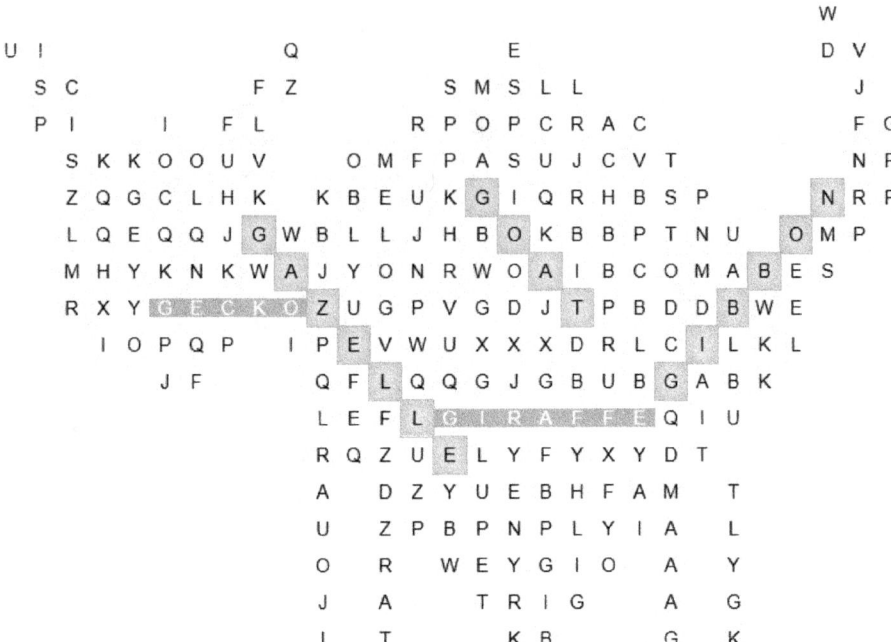

Animals that start with H

```
                                                L
O P               T             P               C U
 R L             F L           S A G G H         J
  G Y     I   J A         T J H M X K F G       K X
   O C M C T C C     H A M S T E R E I X R     A H
    Z P C D N B U   Y O K S H R A S Z N E I W  F C W
     O D B C L D Q C Q Z M Q K Q A E L W R O M D  Y T F
      S D Q H A R E Z I H K H E D G E H O G D T Y Y I E
       Y I S R D Z Y F X A Y Q H V K M L A A A F Z L M
        G N Q N G   P Q W Q G D H D K U I R Z Q G J P
         D K       O K J V P D A P E M O J A K V
                  N Z J N B R U H J W P H Q I
                  A V Z L H T G Y S F M N N
                  S   Y J W C G T B C Z U   E
                  F   F E L C G I F A R F   Y
                  W   S   F F R P Y H   P   V
                  F   M     S Z V G     G   Q
                  F   C       S G       M   F
```

93

Animals that start with I

Animals that start with J

Animals that start with K

Animals that start with L

```
                                                            L
P V                   S           R                       I   R
 R L            F T         I M Y H J                      H
  E U      L   L M       U A J C X Y O R                  X X
   C V B L M R R     X I J Y E V N H U P B                 G L
    N H I Y G K J   R Z B N E L U G M K P O X            D C Q
     P T P L U X Z T D C A L V F E E D P S N H C   C S Q
      V J G N H B U Y J H L R I J L O S Z Y D G B X Q J
       K V E L C I P O P L M C P K Z D P L L U Q D A U
        M W Y C R   I W C Y F G D M K G A B K J H T J
         A D       V R F D T Q N P S Y R C J Z O
                   K V M D E M O M D W H D K N
                   T F T D Y W O A M W V M A
                    H   E R V I L F X Y A N   M
                    T   P F C N K U Z Y Y Y   U
                    L   Y   C E C Y Z S   S   C
                    Y   U   S E C Y     E     B
                    I   G       X H     G     R
```

97

Animals that start with M

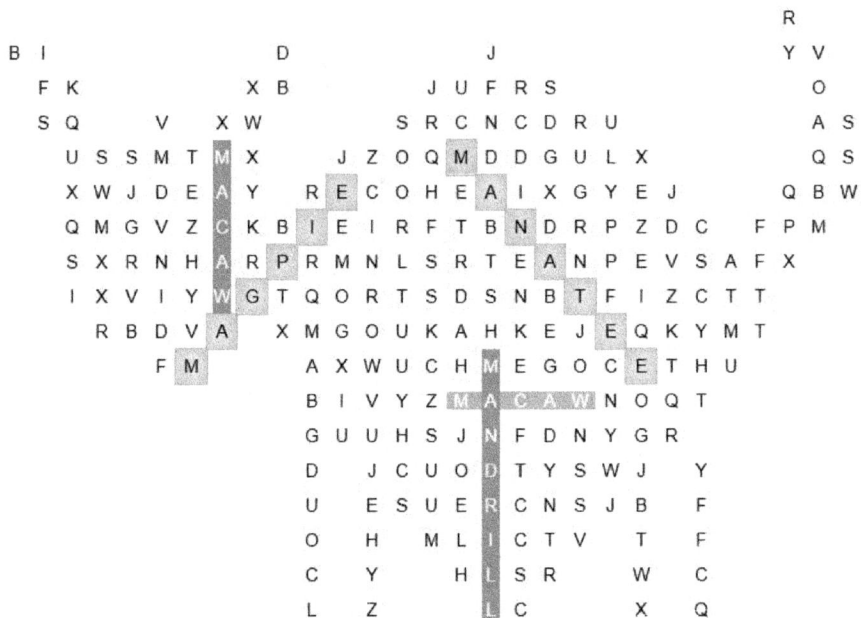

Animals that start with N

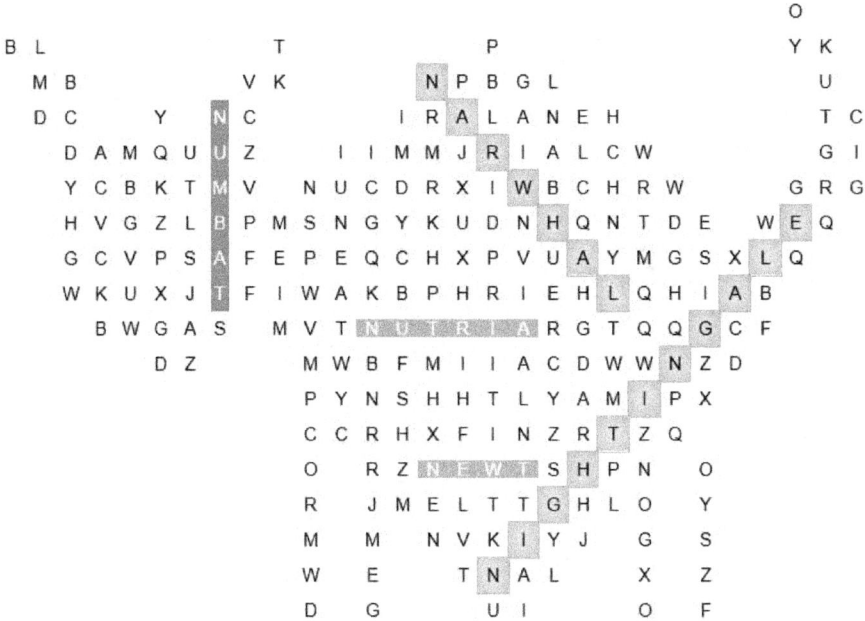

Animals that start with O

```
                                          Z
K M                K          D            E  E
  O P               B M        G L G U G    I
  V P      E   D A        A W L C O P V I   G  F
    O O B O P L Q     I Z W Y Z W E H S K T  T  A
    T D S Y R S W   H B Y J L U R C X X R P V  S N F
    A L L S T A A V U T T W B X I I M O X L O R  U F V
    U G L I U O N D J V O O B R E Q S E O E K Z G I K
    L U T D N M N G T L Q J T W S W S C K L Z G Y Y
      L S K B T   B U E T S G X Z X S I R Q Y L I G
          F M     Z T O Y A O A R F I S H C S E
                  N B A L K Y V R V F U P K V
                  C C D N T J C I V X Y R R
                  S   R G J V V Z O N L I   M
                  M   I W F V R B N Y O N   C
                  T   M   H M R W V D   C   H
                  R   N     E K M P     B   U
                  F   Q       U Q       D   I
```

100

Animals that start with P

Animals that start with Q

```
                                            E
A P                 L           N           F M
 B C              Q M         N P W J        J
 Q V     R   P Z        B E Q U O K K A      A U
   B M K T Z G U      A Q Y U U W Y U T T Y    E M
   D M I P C Y C    U G Q J P G B N Q F N R N  U W K
   S A Q E U M A O L R H U C C T U O H W F E H   G R Y
     E J U O I B L N F Q Q U A H R O Q U E L E A H C W
     E T Z Y I X I Y A M H U V I J O C P I Q U T Z W
       F K T T Z   F Z P T V E O L F P L R Z C O R Y
         Q G       I Q E M D T J W M D A F S W U
                   R Y K B S L Z X G L L L B Y
                   E O U Q E N U A W X U W X
                   Y   H D X O I W L Q Q W   E
                   P   Z J K T J G H B Z W   N
                   U   O   R N J G Z C   M   M
                   E   R     P U A V     G   U
                   I   Z       G O       F   K
```

Animals that start with R

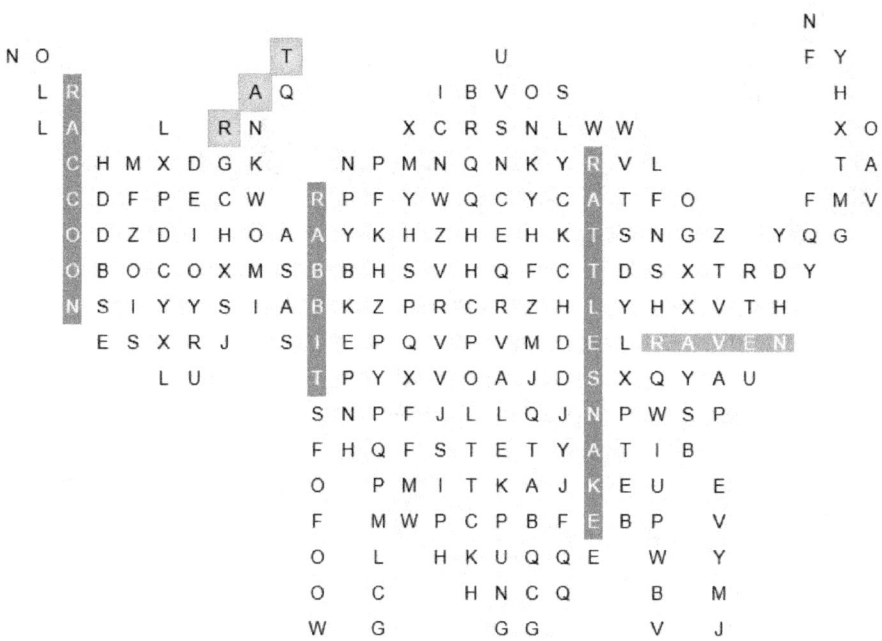

Animals that start with S

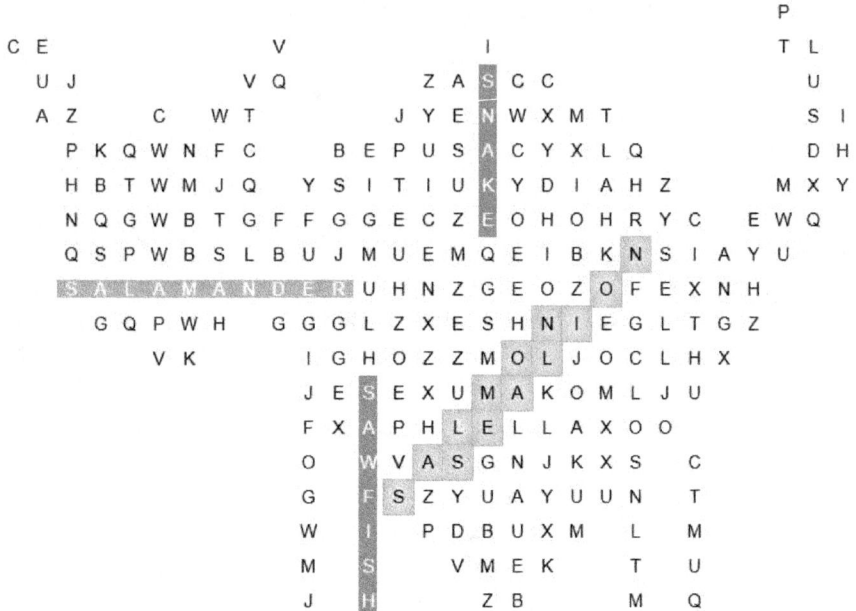

Animals that start with T

Animals that start with U

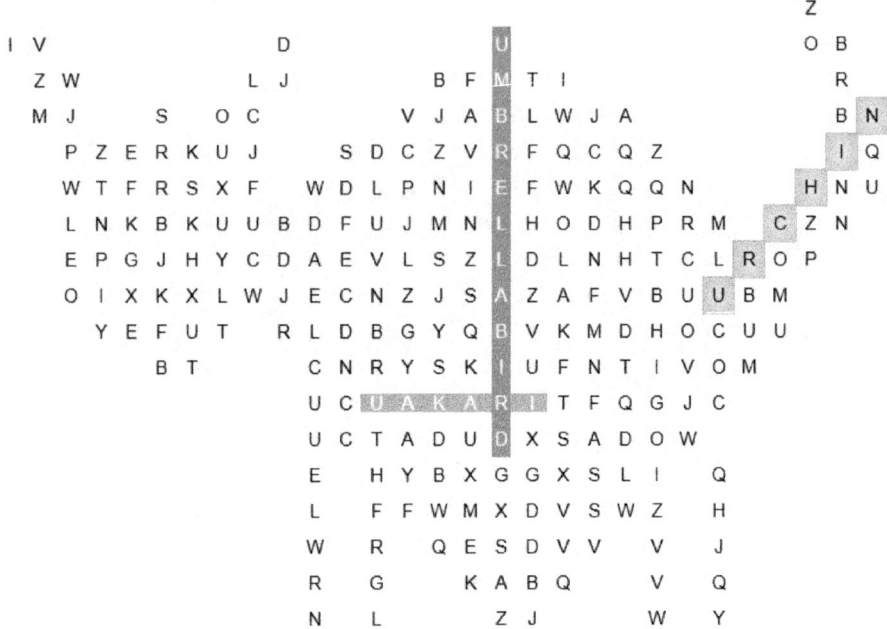

Animals that start with V

```
T T                L              B              Y
 T K            R Q       F G X T M           I F
  R P    D   G J     Y M X C G V T N          D
   O S U E V B R   Q U G J I U J H E E M      A C
    V H Y S I U R  N K A D W S K J F K V Q F  X L
     A J Z O Y E L F X T C E L U U W G Q O H N C  V M L
      C Y K U P W N T U J L M M W V V Z N O W F P X P  H Z Z
       I F F I A D G Q U O G I Y V I M I Q S F J N F R  L
        Z V M C F   P V R D P L I X I B C Y Q Y Q Q Y
         J G       J F E Q B K E S H P U S N I M
                   U D P A J E N E P N R N O M
                   L A N O T R S Q S H S B A
                    R W Z S X P F L N P C D
                    G   E G O Y X A S L T H B
                    L   H   L Z Q R B W   H N
                    M   W     H B C A     S J
                    M   K       V F       G P
```

107

Animals that start with W

```
                                              L
M Y                T              U           N D
  Q K            G O         L T A U G          X
  A P     P   P M        V Z E P N R V S        Z W
    U R M X R C C    F I W A L L A B Y R Q      G Q
    K Q H V L V K  A M B I R M I R B B T B E    I J N
    L E E N S E T U Q G M J X W N O V M D L G H   H T I
    C I W A S P R S Y T H Z D A U A I K A M H R V D D
    J P S A K X B T S V G S Q L A E G H H G N N G M
      H D K Q K   W R S W S F R U U W V U W H O E H
          S P         F X S A N O V L O F Y U J G U
                      E P B V L O F A R M Q A Q L
                      H Y Q N N R U N Y W N B E
                      V   S T I Y U K N A J S   U
                      F   O T R Y A S D N A V   E
                      D   D   K G H D U E   C   F
                      B   I     R R B W     Q   S
                      Q   D       L F       L   O
```

Animals that start with X, Y, Z

```
                                              R
Q Y                   J              Q        H I
  O W                   U W      V N J Z H      V
    D G     K     B Q        Z D S D L B G S    A Y
      A T N O U F W      X O X Q M S L C U L S    M O
        L S G S R E Q  B I Q E C W F B I P X Z X  F K R
          N W D I I I O S M N O F Y C K Y M W E W X M  R K Y
            X Z U F M Z E B R A J F E P P V S W T C Y  J R A O
              P F H Q J D P T U O J K Y F O K P N M P A  P P D
                F W Z N J   B X P U X V O B O A J J F K  G F F
                    H D       U D R E X E N O P S A C G E L
                              F O W D X - R A Y F I S H P
                              U A U N Y J I Z X E V Y T
                              E   B B U B T J J V D P   X
                              G   I G P C Q O V C C D   M
                              W     N   P Z Y Q R C   W   V
                              F     O     T V P D     E   K
                              B     N       Z Z       B   D
```

109

www.ingramcontent.com/pod-product-compliance
Lightning Source LLC
Chambersburg PA
CBHW071529080526
44588CB00011B/1611